L'ART DE LIRE

ou

MÉTHODE SUPÉRIEURE DE LECTURE

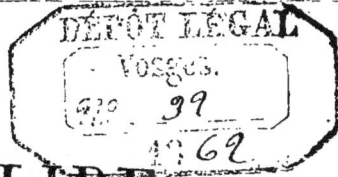

L'ART DE LIRE

ou

MÉTHODE SUPÉRIEURE DE LECTURE

OU SONT APLANIES

Les dernières difficultés théoriques et mécaniques de la Lecture générale

ET CONTENANT

DES MORCEAUX CHOISIS DE PROSE ET DE POÉSIE

OUVRAGE APPROUVÉ

Par la généralité des Instituteurs et des Institutrices de Paris.

Par BONHOURE

ANCIEN INSTITUTEUR.

NOUVELLE ÉDITION.

HUMBERT, ÉDITEUR.

PARIS

AU BUREAU DE L'ENCYCLOPÉDIE UNIVERSELLE
Rue Bonaparte, 43, et rue Sainte-Marguerite, 30.

MIRECOURT
Rue de l'Hôtel-de-Ville, 31.

1862

Ouvrages classiques et littéraires du même Auteur.

MÊME LIBRAIRIE.

QUATRE TABLEAUX DE LECTURE et d'un grand format.

SYLLABAIRE MÉTHODIQUE et sans aucune difficulté de lecture et d'orthographe élémentaires ; in-12 cartonné.

MÉTHODE ÉLÉMENTAIRE DE LECTURE sans alphabet , où sont aplanies toutes les difficultés de la lecture et de l'orthographe élémentaires, faisant suite au *Syllabaire méthodique* ; in-12 cartonné.

LES IDÉES ENFANTINES , ou les premières connaissances élémentaires inculquées au moyen de la lecture selon le goût et l'intelligence de l'enfance ; ouvrage commençant à développer l'esprit du jeune âge , et faisant suite à la *Méthode élémentaire de Lecture* ; in-12 cartonné.

LE PETIT LECTEUR , ou les dernières connaissances élémentaires inculquées au moyen de la lecture selon le goût et l'intelligence de l'enfance ; ouvrage continuant à développer l'esprit du jeune âge, et faisant suite aux *Idées enfantines* ; in-12 cartonné.

L'ART DE LIRE , ou Méthode supérieure de lecture , où sont aplanies les dernières difficultés théoriques et pratiques de la lecture générale , et contenant des morceaux choisis de prose et de poésie ; in-12 cartonné.

L'ART D'ÉCRIRE , ou Méthode élémentaire de style , où sont aplanies les difficultés générales de l'expression , et contenant toutes sortes de compositions de mots surabondants, répétés et manquants, à corriger.

LE CONDUCTEUR DE LA JEUNESSE , ou l'étude , à l'entrée dans la vie, du bonheur et de la perfection de l'humanité ; ouvrage historique, où il est prouvé que tout le monde peut être heureux et parfait ; in-12 cartonné.

PRÉFACE.

Depuis trente ans on a fait, en France, beaucoup de méthodes élémentaires de lecture, mais pas une seule de lecture supérieure, ou d'art de lire. Ce dernier ouvrage était pourtant, ce nous semble, indispensable aux écoles primaires et aux adultes peu instruits. Sûr de son utilité, nous nous sommes hâté de le produire, et assez méthodique pour que l'on puisse lire, par son secours, comme mécanisme, tous les mots les plus difficiles, et par principe, d'une manière convenable, et aussi bien la poésie que la prose.

Rien n'est plus utile et agréable qu'une bonne lecture; mais pour qu'elle soit telle, il faut qu'on la comprenne, et on ne le peut si on ne sait point lire par principe, ou si on ne connaît pas bien la prononciation, la liaison des sons, la distinction des sens et les inflexions de la voix. Et c'est, nous en sommes certain, ce qu'ignorent les enfants et les adultes peu instruits. Parmi ces derniers, il y en a qui, lorsqu'ils lisent, s'en acquittent si mal, qu'ils fatiguent les oreilles et l'esprit, surtout en poésie; on ne peut tenir à leur lecture, tant elle est défectueuse et fatigante. Ces personnes, et un grand nombre d'enfants qui lisent très-vite, mais sans principe, nous ont conduit à concevoir et à faire cet *Art de lire, ou cette Méthode supérieure de lecture.*

De la manière de bien lire dépend la conception de tout ce que l'on étudie dans les livres; celui dans ce cas, qui lit par principe, comprend toujours sa lecture; mais celui qui lit mal ne le peut, quelque effort qu'il fasse. Il importe donc bien pour cette raison, que l'on étudie l'art de lire, on doit voir que c'est indispensable à tout le monde.

Un *Art de lire*, bien conçu et bien fait, ne doit pas seulement traiter des difficultés mécaniques et des principes de la lecture supérieure ou générale; mais il doit offrir aussi, après les leçons méthodiques, des exercices de lecture contenant des morceaux choisis de prose et de poésie : c'est ce qui a lieu dans cet ouvrage. Divisé en deux parties, la première offre les difficultés mécaniques et les principes de la lecture, la seconde des morceaux choisis de prose et de poésie. Par là, le jeune lecteur et l'adulte peu instruit trouvent, comme méthode et belles idées, tout ce qu'il leur faut, ou ce qu'ils peuvent désirer de plus instructif et de plus agréable.

NOTA. Afin de pouvoir lire aisément les mots difficiles de la première partie, de même que les exemples de prononciation et de liaison de sons qui ont des difficultés, voyez les tableaux de secours qui sont à la fin de l'ouvrage, et correspondent aux pages contenant les mots et les exemples dont il est question.

L'ART DE LIRE

MÉTHODE SUPÉRIEURE DE LECTURE

PREMIÈRE PARTIE.

—

1re Leçon.

Des difficultés mécaniques et théoriques de la lecture supérieure ou générale.

1. La lecture supérieure ou générale offre aux élèves qui lisent couramment, deux grandes difficultés, dont l'une est celle du mécanisme, et l'autre celle du principe. La première provient de ce que beaucoup de mots sont écrits autrement qu'ils se prononcent, et la seconde, de la prononciation convenable, de la liaison des sons, de la distinction des sens et des inflexions de la voix.

2. Quelques grandes que soient les difficultés mécaniques de la lecture supérieure ou générale, elles n'existent que de deux manières, ou dans les mots à syllabes de deux ou trois consonnes inséparables ou se suivant, puis dans ceux qui, sans être difficiles par le mécanisme voulu, se prononcent différemment qu'ils sont écrits, comme : *science*, *instruction*, *splendide*, *août*, *Newton*, etc. Quant aux difficultés de principe, elles n'ont lieu, elles, que dans la prononciation convenable, la liaison des sons, la distinction des sens et les inflexions de la voix, et ne peuvent être comprises alors, au moyen d'une double orthographe, par les élèves qui lisent couramment, que dans le deuxième cas, non dans les trois autres, où il faut absolument le secours du maître.

3. Pour éviter de la confusion dans le langage, on est forcé d'écrire beaucoup de mots autrement qu'ils se prononcent, de là découle la difficulté invincible de l'orthographe et de la lecture supérieure ou générale.

4. La lecture supérieure ou générale n'a que quatre principes fondamentaux, et qui sont : la prononciation voulue, la liaison des sons, la distinction des sens et les inflexions de la voix.

5. La prononciation convenable, ou première forme du langage articulé, doit être conforme, d'abord, à l'orthographe, soit naturelle, soit conventionnelle, puis moyenne, c'est-à-dire ni trop brève ni trop lente.

6. La liaison des sons consiste à faire sonner les consonnes finales sur les voyelles et l'*h* muette, afin de lier, par là, les mots entre eux, ou de donner, à l'expression, plus de rapidité, de légèreté, de clarté et d'élégance.

7. La distinction des sens a pour objet, elle, de faire les pauses convenables et indiquées par les signes de la ponctuation; comme telle, elle est, pour lire, de la plus

grande importance. Elle est ainsi , attendu que c'est d'elle que dépendent la clarté et la beauté de la lecture.

8. Les inflexions de la voix sont la dernière forme de l'expression, ou celle par laquelle on lui donne, selon le besoin et le sentiment, toute la grâce, la tournure et le coloris qu'elle doit avoir. Et cette grâce, cette tournure et ce coloris sont principalement marqués par la pause du point exclamatif et du point interrogatif.

9. Voilà, selon nous, ce que sont ou ce que doivent être les principes fondamentaux de la lecture supérieure ou générale , nous n'en voyons pas d'autres.

2e Leçon.

Mots dont l's se prononce comme un c ou comme un z.

1. Toute s qui est précédée d'une consonne et suivie d'une voyelle se prononce comme un c.

Exemple :

Course, récompensés, offensives, conserver, pensionnat, dansons , boursière , renversâtes. (P. 9 , no 1.)

2. Toute s qui est entre deux voyelles se prononce comme un z.

Exemple :

Oserait , cousines, amusâtes, rosière, déposons, abuseriez, envisagera, civilisés. (P. 9 , no 2.)

APPLICATION.

1er Exemple.

La meilleure *réponse* que nous ayons à faire aux pauvres qui implorent notre assistance , c'est de leur ouvrir notre *bourse*, et de leur donner, si nous le pouvons, un peu d'argent.

2e *Exemple.*

Mes chers enfants, vous devez tous être sages, justes, doux, bons et polis. Or, pour devenir tels, il faut que vous ayez recours à un homme qui connaisse la sagesse, la justice, la douceur, la bonté et la politesse; et vous *conduise* à la source, où on les *puise* à pleines mains.

3e *Exemple.*

Dans ses discussions, un bon défenseur n'offense jamais *personne*; il parle toujours avec *réserve* et douceur; et, par cette utile précaution qu'il montre dans ses paroles et ses gestes, il plaît toujours à ceux qui l'écoutent, et on est toujours content de sa *défense.*

4e *Exemple.*

Les petits garçons et les petites filles aiment bien les *cerises*, les *poires*, les *fraises*, les *amandes* et les *olives*; ils ne dédaignent pas non plus les *framboises*, les *alises* et les *oranges*. Pour eux, toutes ces *choses* sont presque des *friandises.*

4e Leçon.

Mots construits avec le tréma, la cédille et le double trait d'union.

5. Toute voyelle qui est surmontée d'un tréma, et forme, par elle-même, une syllabe, se prononce seule.

Exemple :

Ha ï rais, Ga ë te, la ï ques, na ï veté, mosa ï que, ha ï tes, Esa ü, juda ï que. (P. 10, n° 3.)

4. Toute voyelle qui est surmontée d'un tréma, et ne peut former, par elle-même, une syllabe, se prononce avec la lettre ou avec les lettres qui la suivent.

Exemple :

Na ïade, Sa ül, fa ïence, ha ïr, Rapha ël, ha ïssez, a ïeul, Hasa ël. (P. 11, nº 4.)

5. Tout *c* qui est accompagné d'une cédille se prononce comme deux *ss*, non comme un *k*.

Exemple :

Perçantes, leçons, façades, reçus, avançons, berçâtes, aperçu, balançâmes. (P. 11, nº 5.)

6. Tout *t* qui se trouve entre deux traits d'union se lie avec la voyelle qui suit.

Exemple :

Va-t-il ? aura-t-elle ? assure-t-on ? viendra-t-il ? a-t-on lu ? sera-t-elle ? amuse-t-on ? demande-t-il ? (P. 11, nº 6.)

APPLICATION.

1ᵉʳ *Exemple.*

Mon père et ma mère m'ont dit que c'est sur le mont *Sinaï* que Dieu donna ses dix commandements à *Moïse*, et que ce dernier les écrivit sur une table en pierre pour les transmettre d'abord aux Israélites, puis, plus tard, à tous les peuples de la terre. Je suis bien aise de savoir cela, moi, parce qu'il y a beaucoup de petits enfants de mon âge qui l'ignorent ; c'est pourquoi je sais bon gré à papa et à maman de me l'avoir appris.

2e *Exemple.*

Raphaël n'était pas seulement un artiste du premier ordre, ou un grand peintre, il avait encore une autre qualité assez rare ; c'est qu'il ne *haïssait* jamais personne. Ce célèbre enfant des murses ne peignit point ses chefs-d'œuvre sur la *faïence*, il ne le fit que sur la toile.

3e *Exemple.*

Le palais de l'industrie est aussi remarquable par ses quatre *façades* que par sa grandeur immense et sa couverture en verre : l'entrée principale regarde le nord. Ce monument, d'une grande utilité pour l'encouragement des arts, du commerce et de l'industrie, attire toujours l'attention de tous les étrangers qui se promènent aux *Champs-Élysées*, même celle des *maçons* qui l'ont bâti.

4e *Exemple.*

Amis, *voyez-vous François ? l'entendez-vous ?* « Adélaïde, nous *crie-t-il* de toutes ses forces, *ira-t-elle* à la fête d'Angoulême ? Si elle y va, *sera-ce* avec sa cousine *Héloïse* et son cousin *Saül ?* En cas qu'ils y aillent tous, y *porteront-ils* de quoi boire et manger ? Voici ce qui m'intéresse, et ce que je désire savoir. »

5e *Exemple.*

Esaü vient de me raconter, tout à l'heure, qu'on lui a appris que le monde se divise en quatre grandes parties, que l'on nomme l'Europe, l'Asie, l'Afrique et l'Amérique. Cette dernière partie, *a-t-il* continué, n'est connue des trois autres que depuis *trois cent soixante-*

quatre ans ; elle a été découverte par Christophe Colomb, navigateur Italien, né dans la ville de Gêne. L'Océanie a été découverte depuis, et les savants l'appellent la cinquième partie du monde.

3e Leçon.

Mots dont le *t* se prononce comme le *c* ou comme l'*s*.

7. Tout *t* qui précède un *i* suivi d'un *o* ou d'une *n* se prononce comme un *c* ou comme une *s*.

Exemple :

Additionne, protection, fonctionnaire, punitions, perfectionne, conjonctions, cautionnés, attribution. (P. 15, nᵒ 7.)

APPLICATION.

1er *Exemple.*

Un *dictionnaire* est un livre qui donne des *explications* sur l'origine et la *signification* de tous les mots d'une langue : tout *fonctionnaire* public ou tout homme qui se livre à l'*instruction* doit toujours se servir de cet ouvrage, l'usage lui en est indispensable, de même qu'à toutes les personnes qui savent lire.

2e *Exemple.*

L'*intention* nous conduit infailliblement à la *perfection* de la sagesse et de la morale : si nous désirons être sages et moraux soyons bien *intentionnés*, c'est le vrai moyen d'atteindre notre but, ou de nous *perfectionner* en sagesse et en morale. Quiconque admet et suit ce principe ne fait que de bonnes *actions*, et ne craint point les *punitions* de Dieu ni celles des hommes.

1.

4e Leçon.

Verbes de la 3e personne du pluriel terminés par *e*, *n*, *t*.

8. Les verbes de la troisième personne du pluriel qui se terminent par *e*, *n*, *t*, se prononcent comme ceux de la troisième personne du singulier ; c'est-à-dire qu'ils ne font point entendre le son *en*, ou l'*e* et l'*n* qui précèdent leur *t* final.

Exemple :

Mangent, parlassent, buvaient, versassent, eussent, revenaient, puissent, jugeraient, partirent, rendissent. (P. 14, no 8.)

APPLICATION.

1er *Exemple.*

Vous savez, ma fille, que les Anglais *voyagent* beaucoup, qu'ils *parcourent* toutes les mers et les *couvrent* de leurs innombrables vaisseaux; mais ce que vous ne savez pas et ce que je dois vous apprendre, c'est qu'ils *firent* la guerre à un grand nombre de peuples, qu'ils *conquirent* beaucoup d'îles, qu'ils y *portèrent* leur commerce et leur industrie, et en rapportèrent de grandes fortunes. On peut même dire d'eux, sans flatterie, qu'ils tiennent les clefs de tous les ports de mers.

2e *Exemple.*

Attendu que tous ces hommes-là *avaient* été élevés dans l'originalité, vous auriez tout de suite dû voir si vous vous y fussiez connu un peu, que ce n'était pas possible, à leur âge, qu'ils *perdissent*. tout d'un coup, de si vieilles habitudes. La plupart des originaux d'ailleurs, *peuvent-ils* toujours se corriger ? Cela dépend-il toujours d'eux ? Non, c'est ce que l'on a remarqué depuis fort longtemps.

3e *Exemple.*

Quelques philosophes de la Grèce et de Rome ne *voulaient* pas que leurs concitoyens s'*amusassent* à de vains jeux , ni qu'ils *perdissent* leur temps à se promener sur les places publiques ; ils leur en *faisaient* souvent de vifs reproches. Mais les Grecs et les Romains ne les *écoutèrent* point, ils *préférèrent* se plonger dans l'oisiveté et la mollesse ; et cette oisiveté et cette mollesse dans lesquelles ils se *plaisaient, furent,* plus tard, la première cause de leur perte, ou de la ruine de leurs patries.

5e **Leçon.**

Mots dont la lettre *g* est suivie de la voyelle *e* précédant la voyelle *a* ou la voyelle *o.*

9. Tout *e* qui est précédé d'un *g* et suivi de la voyelle *a* ou de la voyelle *o* devient nul, et donne, au *g* qui le précède, le son du *j.*

Exemple :

Jugeâmes, pigeon, logeait, bourgeoise, forgeâtes, dégageons, jugeâmes, villageoise. (P. 15, n° 9.)

APPLICATION.

1er *Exemple.*

Bien que les *bourgeois* et les *villageois* de cette ile ne fussent pas encore guéris de la *rougeole,* ils étaient néanmoins pleins de *vengeance*, car tous, pour se venger, *forgeaient* déjà des armes, *chargeaient* leurs fusils, et se préparaient à poursuivre ceux qui avaient voulu les voler et les tuer. Afin de pouvoir mieux les atteindre, ils *mangeaient* vite un peu de *pigeon* rôti, buvaient un verre de vin vieux, et partaient au galop.

2e Exemple.

C'est en *voyageant* et en *interrogeant* la nature dans ses secrets que nous nous instruisons le plus, ou que nous *jugeons* le mieux des personnes et des choses. Quand, par exemple, nous *voyageons*, ce doit toujours être avec le désir de bien nous rendre compte de tout ce qui nous captive et nous instruit. Si nous n'agissions point ainsi nous perdrions le fruit de nos courses et de nos études ; il vaudrait presque autant ne pas voyager.

6e Leçon.

Mots à deux voyelles différentes qui se suivent, et dont l'une d'elles est nulle, ou ne se prononce pas.

10. Il arrive assez souvent que de deux voyelles différentes qui se suivent, l'une d'elles devient nulle, ou ne se prononce pas.

Exemple :

Laon, août, taon, Caen, égrugeoire, Jean, mangeons, partageas. (P. 16, n° 10.)

APPLICATION.

1er Exemple.

Il y a deux villes de France dont le nom ne se prononce pas comme il s'écrit : Ces deux villes sont *Caen* et *Laon*. La première est le chef-lieu du département du Calvados ; la deuxième est celui du département de l'Aisne. Les enfants qui apprennent à lire ne doivent pas manquer de faire cette remarque, et de bien se rappeler cela. Outre ces deux villes, dont l'une est dans la Normandie, et l'autre dans la Picardie, il est aussi un bel oiseau dont le nom ne se prononce pas non plus comme il s'écrit. Cet oiseau est le *paon* ; et est très-fier de son plumage vert parsemé de mille couleurs. Il est rare à Paris ; on ne le voit guère qu'au Jardin des Plantes.

2º Exemple.

On assure que c'est au mois d'*août* que ton frère *Jean* et ton *cousin* Philippe vont se promener tous les ans, à leur sortie du collége, ou au temps des vacances, sur les bords agréables de la *Saône*, et que là, ils poursuivent de temps en temps, pour s'amuser, tantôt les *paons* et les *faons*, qui sont assez nombreux dans cette belle contrée, et tantôt les *taons* qui font la guerre à ces jolis animaux et les piquent jusqu'au sang.

7e Leçon.

Mots à doubles voyelles séparables qui se prononcent toutes, ou seulement qu'une seule.

11. Il est des cas où les doubles voyelles séparables se prononcent toutes, et d'autres cas où l'une d'elles devient nulle, ou ne se prononce pas.

Exemple :

Cha na an, co o pé rer, Ba la am, La o co on, Zo o-lo gie. (P. 17, nº 11.)

APPLICATION.

1er *Exemple.*

Les mots *coordonner* et *coopérer*, sont des verbes, et signifient, ou veulent dire que, pour faire une action quelconque, on n'agit pas seul, mais plutôt avec une ou plusieurs personnes.

2e *Exemple.*

Chanaan, était fils de Cham, et petit-fils de Noé : le pays qui fut habité par ses descendants porta son nom, c'est-à-dire, qu'on l'appela terre de *Chanaan.*

3e *Exemple.*

Moïse, en mourant, engagea son frère *Aaron* à conserver les commandements de Dieu avec pureté, et à les expliquer souvent au peuple israélite.

8e Leçon.

Mots dont l'*y* se prononce comme deux *ii* séparés.

12. Tout *y* qui, dans le corps d'un mot, est précédé de la voyelle *a*, de la voyelle *o* et de la voyelle *u*, se prononce comme deux *i* séparés.

Exemple.

Joyeusement, pitoyables, soyons, ayant, citoyennes, employâtes, tutoyaient, appuyer, royalement, croyantes. (P. 18, no 12.)

APPLICATION.

1er *Exemple.*

Lorsque nous *côtoyâmes* cette rivière nous vîmes de bons *nageurs* qui se *noyaient,* et appelaient à leur secours. Surpris de ce fait, nous leur demandâmes, après le danger, d'où provenait qu'ils avaient couru le risque de se *noyer*. Ils nous répondirent que c'était un courant qui les attirait dans un gouffre.

2e *Exemple.*

A midi, tu me verras *balayant* le chantier, ou *nettoyant* les planches de chêne. Ce travail achevé, j'irai me reposer pendant une heure sous le gros *noyer*. Là alors, tu pourras venir me voir, nous parlerons un peu de tes affaires.

3e *Exemple.*

Vous me comprîtes mal, madame, je ne *tutoyai* pas votre fils, je lui dis seulement qu'il n'*employait* pas bien son temps, qu'il n'avait pas l'âme *loyale*, et ne cherchait qu'à tromper tous ses camarades. Et lui parlant ainsi, je ne lui disais, je crois, que la vérité.

4o *Exemple.*

M. *Royer*, le *doyen* de l'école de pharmacie, nous assure qu'il existe des chiens qui ne font point qu'*aboyer*, qu'ils hurlent aussi, et même aussi bien que les loups. Cela nous étonne, car il nous semble que les chiens, d'après leur constitution, ne devraient qu'*aboyer*, non hurler.

9e Leçon.

Mots dont le *c* et l'*h* suivis d'une voyelle ont la prononciation du *k*.

13. Le *c* et l'*h* suivis d'une voyelle prennent assez souvent le son du *k* dans plusieurs langues.

Exemple :

Archanges, Zacharie, Calchas, Michel-Ange, choléra, Melchisédech, Ézéchias, Eucharis, Malchus, anachorète, Jéricho, Chaldaïque, chorus. (p. 19, n° 13.)

APPLICATION.

1ᵉʳ *Exemple.*

Bel, roi des *Chaldéens*, reçut de ses peuples les honneurs divins ; il se fit adorer comme un Dieu ; ce qui prouve la grande ignorance des hommes d'alors, ou de ceux de cette nation.

2ᵉ *Exemple.*

Achab, *Ochozias* et *Ézéchias* étaient des monarques juifs, ou de la Judée ; et *Zacharie*, un prêtre de ce même pays, c'est-à-dire le grand pontife du fameux temple de Jérusalem.

3ᵉ *Exemple.*

Nabuchodonosor, roi de Babylone, prit la ville de Jérusalem jusqu'à trois fois, et voulut forcer les plus illustres personnages de cette ville à adorer sa statue ; mais ils s'y refusèrent, et bien qu'ils firent.

14. Les syllabes dont le *c* et l'*h* sont suivis d'une voyelle, et se prononcent comme le *k*, appartiennent, en général, aux mots hébreux, grecs, latins et italiens ; et le nombre en est assez considérable, pour que l'on puisse souvent s'y tromper.

15. Le *c* et l'*h* suivis d'une consonne ont toujours, dans toutes les langues, la prononciation du *k*.

Exemple :

Christophe, chrétiens, chronologie, chlorure, chrysa-lide, catachrèse, etc. (P. 20, n° 15.)

10e Leçon.

Mots dont les syllabes finales font entendre deux sons.

16. Beaucoup de syllabes font entendre deux sons; ce sont celles qui sont terminées par les lettres *c, t, q, m,* etc.

Exemple :

Jéroboam , avec, Tilsitt, Danemark, coq , Joseph, contact , Auch, Roboam , punch, tabac, Jérusalem , Ibrahïm, cinq, Soult, lac , Achab , Brest , Christ, Buckimgham, etc. (P. 1 »», n° 16.)

APPLICATION.

1er *Exemple.*

La ville de *Jérusalem* est en Asie, et sur une montagne assez élevée. Cette cité est d'abord remarquable par son antiquité et ses malheurs, puis par la mort et la résurrection du *Christ.*

2e *Exemple.*

Le *coq* se prive de la nourriture qu'il trouve pour la donner aux poules qu'il appelle à lui. Ceci prouve qu'il a un bon cœur pour elles, ou une espèce d'affection intelligente. Voilà, si l'on étudie un peu sa nature, ce que l'on ne peut nier.

11e Leçon.

Mots terminés par un *z* ayant le son de l'*s*.

17. Le *z*, à la fin de certains mots, se prononce quelquefois comme l'*s*.

Exemple :

Metz, Austerlitz, Rhodez, Badagoz, Cortez, Booz, Lombez, Falcoz, Alvarez, Sénez, etc. (P. 22, no 17.)

APPLICATION.

1er *Exemple.*

La bataille d'*Austerlitz* est une de celles qui honorent le plus le courage des soldats Français et le génie militaire de Napoléon.

2o *Exemple.*

Metz est le chef-lieu du département de la Moselle, et *Rhodez* celui du département de l'Aveyron.

3e *Exemple.*

Il n'y a, disait un jour un petit écolier à l'un de ses camarades, que bien peu de mots dont le *z* final se prononce comme l'*s*, tels que : Saint-Jean-de-*Luz*, Saint-*Tropez*, Véra-*Cruz*, etc.

12e Leçon.

Mots à deux et à trois consonnes inséparables, ou qui se suivent.

18. Il existe un grand nombre de syllabes formées de deux ou de trois consonnes inséparables, ou qui se suivent, ce qui rend la lecture assez difficile.

Exemple :

Sculpture, Christophe, scandinave, stratégie, Stentor, christianisme, Strasbourg, Stanislas, Amsterdam, polytechnique, instructives, splendides, abstraction, scientifique, etc. (P. 22, nᵒ 18.)

APPLICATION.

1ᵉʳ *Exemple.*

C'est en Grèce que la *sculpture* s'est le plus développée; ses meilleurs *sculpteurs* sont Phidias et Praxitèle. En France, le plus remarquable est Jean Gougeon.

2ᵉ *Exemple.*

Aussitôt que *Stanislas*, roi de Pologne, se vit détrôné, il se réfugia en Lorraine, où il fit beaucoup de bien aux malheureux de ce pays.

3ᵉ *Exemple.*

Strasbourg est le chef-lieu du département du Bas-Rhin; cette ville se montre remarquable par la hauteur prodigieuse de la flèche de sa cathédrale, et par les grues qui voltigent et bâtissent leurs nids sur les cheminées.

4ᵉ *Exemple.*

Le mot *abstraction* représente une chose invisible, ou sans corps. Le mot *splendide* représente, au contraire, une chose visible, ou ayant un corps, et brillant d'un grand éclat.

13ᵉ Leçon.

Mots à doubles consonnes inséparables qui se prononcent comme une seule consonne.

19. Toutes les doubles consonnes inséparables se prononcent comme une seule consonne.

Exemple :

Lucknow, Cromwell, Wasington, Lowendalh, New-York, Kellermam, Stuttgard, Glogow, Newton, Longwy, etc. (P. 24, nᵒ 19.)

APPLICATION.

1ᵉʳ *Exemple.*

L'avenue *Lowendalh* est celle qui va de la barrière de l'École-Militaire à l'Hôtel des Invalides. Elle n'est pas bien longue, mais large, et toujours pleine de soldats.

2ᵉ *Exemple.*

C'est à la bataille de *Leipsick*, en 1813, que Poniatowski, prince polonais, se noya dans l'*Ester*. Cet accident a rendu sa mort bien plus remarquable que si elle eût eu lieu sur le champ de bataille, ou par un coup de fer ou de feu.

3ᵉ *Exemple.*

La langue française n'a pas, ou n'a que très-peu de mots à doubles *v*; il n'en est pas ainsi de la langue anglaise, car elle est une de celles qui en possèdent le plus, tels que : *Newcastle*, *Lawis*, *Wigton*, *Silway*, *Worcester*, *War-Wick*, etc.

14e Leçon.

Mots qui se prononcent autrement qu'ils sont écrits.

20. Quelques mots, soit français, soit étrangers, se prononcent différemment qu'ils sont écrits.

Exemple :

Monsieur, femmes, Newton, août, Splandow, paon, Jean, bourgeois, jugea, etc. (P. 25, no 20.)

APPLICATION.

1er *Exemple.*

Parmi les personnes sans instruction, il n'y en a encore que bien peu qui sachent que *Newton* était un savant anglais, et que New-York est une ville d'Amérique.

2e *Exemple.*

La plupart des *femmes* de *Newcastle* et de *Spandaw* parlent aussi bien à un paysan qu'à un beau *Monsieur* ; elles disent, pour raison que, selon elles, ils sont l'un et l'autre, égaux aux yeux de Dieu.

15e Leçon.

Mots dont les *e* muets se prononcent comme des *e* fermés.

21. Tout *e* muet qui est précédé de la voyelle *o* devient souvent un *e* fermé, ou se prononce de même.

Exemple :

Œnone, Œdipe, Œta, Œcuménique, Philopœmen, Œsophage, Kœnigsberg, etc. (P. 25, no 21.)

APPLICATION.

1er *Exemple.*

Œ*dipe*, roi de Thèbes, en Grèce, et contrée de la Béotie, tua Laïus son père, et sans le connaître. Lorsqu'il apprit son parricide il se creva les yeux de désespoir.

2e *Exemple.*

Œ*none*, par sa noire perfidie et ses mauvais conseils, fut cause du malheur de Phèdre, de celui de Thésée et de la triste mort du vertueux Hippolyte.

16e Leçon.

Mots dont les *e* muets sont nuls, ou ne se prononcent pas.

22. Tout *e* muet précédé d'un *e* fermé devient nul, ou ne se prononce pas.

Exemple :

Armée, créées, fées, pensées, je crée, ils agréent, idées, tu crées, allumée, elle agrée, etc.(P. 26, n° 22.)

APPLICATION.

1er *Exemple.*

Les *armées* bien *organisées* sont toutes *composées* de jeunes gens forts et bien faits, et *commandées* par des généraux et des maréchaux habiles dans l'art de la guerre. Elles ont été *créées* pour le maintien de l'ordre public dans l'intérieur des nations, et pour leur défense au dehors contre les attaques de l'ennemi. Si on pouvait s'en passer ce serait un grand bonheur pour l'espèce humaine. Mais le temps, s'il doit venir, est peut-être encore loin de nous ; du moins il y a tout lieu de le croire.

2e *Exemple.*

Vous voyez que ce Monsieur est très-complaisant ; ce qui le prouve, c'est qu'il *agrée*, de bon cœur, tout ce que les autres *créent*, et lui conseillent d'agréer.

17e **Leçon.**

Mots d'une syllabe qui sont écrits en deux syllabes.

25. Il est une quantité de mots qui, quoique écrits en deux syllabes, se prononcent néanmoins comme s'ils n'en avaient qu'une seule.

Exemple :

Vœu, cœur, Jean, sœur, août, faon, œuf, Laon, mœurs, Caen, bœuf, paon, etc. (P. 27, n° 23.)

APPLICATION.

1er *Exemple.*

Dans quelques pays chauds on ne mange point de bouilli de *bœuf* pendant tout le mois d'*août,* on préfère celui de mouton ; et à défaut de ce dernier, on se contente d'un œuf dur, d'un fruit ou d'une tranche de melon.

2e *Exemple.*

Les mots *mangeons*, *jugea*, *bourgeois*, *vengeance*, etc., sont dans le même cas que ceux ci-dessus, c'est à-dire qu'en les prononçant on supprime aussi une syllabe.

Exemple :

Man ge ons, (man jons) ju ge as, (ju jas) bour ge ois, (bour jois) ven ge ance , (ven jance , etc.

24. On ne peut pas écrire ces mots autrement, ainsi que beaucoup d'autres de ce genre ; et cela en rend la lecture et l'orthographe excessivement difficiles.

25. Bien qu'il y ait , dans toutes les langues , une assez grande quantité de mots dont la lecture et l'orthographe sont difficiles , il y aurait pourtant , ce nous semble , si on voulait l'adopter , un moyen propre à aplanir ces difficultés ; il consisterait à écrire le même mot de deux manières, ou selon son orthographe d'usage et selon une orthographe conforme à sa prononciation.

Exemple :

Caen (Can), a oût (août), New ton (Neuton), Cor tez (Cor tes se), Œ none (Enone), La o co on (La o con,) Œ dipe (Édipe), A chab (A kabe), Eu cha ris (Eucaris), etc.

26. Ce procédé, que nous avons cherché et trouvé, offre sans doute , nous en convenons, des désavantages, mais que l'on peut vaincre par un tableau de secours où sont écrits, de deux manières, les mots difficiles de chaque espèce ; et où, au besoin, peuvent recourir les élèves, et lire alors par eux-mêmes ce que, jusqu'à présent, ils n'ont pu lire qu'avec l'aide du maître , et encore d'un maître habile.

18e Leçon.

Mots difficiles à lire.

27. Les mots les plus difficiles à lire sont ceux, en général, à lettres nulles, ou à deux ou trois consonnes, inséparables.

Exemple :

Danc zitk, Aga mem non, Ma ës tricht, Cly tem nestre, Alt kirch, Bu cha rest, Ams ter dam, Mu nich, Luck now, suc cinct, Lock mann, Fran klin, kal mouk, stoc fis che, Kehl, Xé no phon, diph thon gues, fa on ne, Ulm, Ta ï kang, po ly tech ni que, sco lai re, Sten tor, ma thé ma ti que, sté no gra phie, scien ces, scrù pu leux, con strui re, or tho gra phe, Ca ly pso, chris tia nis me, Phry giens, sca pu lai re, Go liath, Co ok, sphynx, stu dieux, scul ptu re, cir con scri te, scri pto lo gie, etc.

APPLICATION.

1er *Exemple.*

Wasington, par son courage héroïque, sa sagesse et son rare désintéressement, a mérité l'amour et la reconnaissance de tous les peuples de l'Amérique, surtout de ceux des États-Unis.

2e *Exemple.*

Franklin et *Cromwell* furent deux hommes bien différents : l'un, comme philosophe, se montra toujours bon et juste, tandis que l'autre, comme guerrier et chef suprême d'État, se montra, au contraire, un tyran cruel, inhumain et barbare.

2

3e *Exemple.*

C'est *Newton*, savant anglais, qui a découvert le système de l'attraction, et en voyant la chute d'une pomme qui tombait d'un pommier.

4e *Exemple.*

Les grandes villes d'Europe, dont les noms sont un peu difficiles à lire, sont : *Saint-Pétersbourg*, capitale de la Russie ; *Stockholm*, capitale de la Suède et de la Norvége ; *Amsterdam*, capitale de la Hollande ; et *Copenhague* capitale du Danemark.

5e *Exemple.*

L'École *polytechnique* de Paris est la première école de France ; c'est là qu'un petit nombre de jeunes gens, ou ceux auxquels on reconnaît le plus d'intelligence étudient, et à fond, les arts et les *sciences.*

6e *Exemple.*

Le mot *splendide* veut dire que quelque chose est très-beau, et attire fortement les regards, le mot *consciencieux* s'applique à la *conscience*, ou fait comprendre qu'un homme est juste, ou qu'il ne veut rien injustement, mais seulement ce qui lui appartient légitimement.

7e *Exemple.*

Le palais du *Kremlin*, à Moscou, était la résidence ordinaire des empereurs de Russie ; il fut brûlé en mil huit cent douze, ainsi que la ville. Les Russes eux-mêmes se décidèrent à incendier cette capitale pour

fermer la conquête de leur empire à l'armée française,
qui était commandée par Napoléon.

8e *Exemple.*

On appelle *sténographie* l'art d'écrire aussi vite que
la parole, au moyen d'un alphabet de convention, composé de barres, de ronds et de points.

9e *Exemple.*

Le capitaine *Cook* était un navigateur anglais, et l'un
des plus illustres que l'on ait vus jusqu'à ce jour ; il eut
une fin tragique, ou fut tué par les sauvages d'une île.

28. Voici à peu près les dernières et principales difficultés de la lecture mécanique supérieure ou générale,
et si la plupart des mots où elles figurent étaient écrits
tels qu'on les prononce elles n'existeraient pas.

19e Leçon.

De la Prononciation.

1. Comme image complète de l'idée et du sentiment,
la prononciation tient le milieu entre la liaison des sons
et la distinction des sens, et contribue beaucoup, pour
ce motif, au charme, à la clarté et à l'élégance de l'expression. Mais pour qu'elle produise bien cet effet, il faut
qu'elle ait une mesure moyenne, ou qu'elle ne soit ni
trop lente ni trop rapide. Dans le premier cas, elle fatigue l'oreille et l'esprit, et, dans le second, elle leur
échappe. Pour être convenable, il faut donc, nous le répétons, qu'elle soit moyenne, c'est-à-dire ni trop lente,
ni trop précipitée.

2. Soit par les explications, les lettres et les signes de la ponctuation, c'est impossible de pouvoir rendre la prononciation convenable dont nous parlons ; aussi, cela nous empêche-t-il d'en donner un exemple.

3. Nous devons faire remarquer ici que, par prononciation, nous n'entendons point ce que l'on appelle l'*accent*, c'est-à-dire la manière de parler de chaque pays, que l'on tient de la langue enfantine ; nous entendons seulement par là, celle qui est conforme à la construction mécanique ou orthographique de tous les mots. Et cette prononciation, aussi agréable que désirable, ne peut être rendue ou comprise par des signes visibles, elle ne le peut que par des sons. Il faut donc alors, si on veut la posséder, que l'on entende parler ou lire ceux qui l'ont convenable ; ou, comme nous le disons, moyenne.

4. En France, soit dans le nord, le centre ou le midi, il y a des contrées où la prononciation est beaucoup trop lente ou trop précipitée ; comme telle, nous engageons fort les jeunes gens de ces contrées à la modifier, ou à s'habituer, autant que possible, à l'avoir convenable, ou moyenne.

5. Comme, en France, toutes les communes sont maintenant pourvues d'écoles, et que ceux qui les dirigent parlent et lisent bien, c'est croyable que, par là, la jeunesse française parviendra, d'ici à peu, à une prononciation uniforme et moyenne, ou convenable. Et la conversation et la lecture n'en seront, dans ce cas, on le sent, que plus agréables et plus désirées.

20e Leçon.

De la liaison des sons.

6. Par sa rapidité et sa clarté, la liaison des sons facilite et embellit l'expression, elle l'anime et la fortifie, ou lui donne de la légèreté, de la souplesse, de la grâce, de la vigueur et de l'élégance ; pour cette raison, elle est, dans la lecture supérieure ou générale, tout à fait utile, qu indispensable.

7. La liaison des sons consiste, en lisant, à faire frapper toutes les consonnes sonnantes sur les six voyelles et sur l'*h* muette, ou à faire sonner, par leur choc entre elles, la consonne finale d'un mot sur la voyelle ou l'*h* muette commençant le mot suivant, et lorsqu'il n'y a point de distinction de sens entre eux, ou de repos marqué par les signes de ponctuation.

Exemple :

Les enfants et les hommes sont encore ici ; quant aux filles et aux femmes elles n'y sont plus, elles viennent de partir à l'instant.

Dans cet exemple, on doit prononcer les mots qui ont une liaison de son entre eux comme s'ils étaient écrits :

Les *z*enfants *z*et les *z*hommes sont *t*encore ici ; quant *t*aux femmes *z*elles n'y sont plus ; elles viennent de partir à l'instant.

On voit facilement, dans ces deux exemples, par leur différence orthographique, comment la liaison de son doit avoir lieu dans le premier exemple.

Si, dans ce premier exemple, on ne faisait point, en

lisant, la liaison de son qui y est nécessaire, on serait forcé de lire comme s'il était écrit :

Lè enfan et lè hommes son encore ici; quan aux fille et aux femme elles n'y sont plus; elles viennent de partir à l'instant.

On voit encore facilement, au moyen de l'orthographe de ce troisième exemple, que si on le lisait tel qu'il est écrit, il n'y aurait point de liaison de son entre les mots où elle doit avoir lieu; et que ceci en rendrait la lecture ou l'expression lente, lourde, confuse et très-désagréable à l'oreille et à l'esprit.

8. Pour bien lire, il ne suffit pas de savoir faire la liaison de son sur les six voyelles et sur l'*h* muette, ou de faire sonner la consonne finale d'un mot sur la voyelle et sur l'*h* muette commençant le mot suivant; car il importe encore de savoir quelles sont les consonnes qui se lient, par le son, aux six voyelles et à l'*h* muette. Or nous devons dire, à cet égard, que ce sont l'*s*, le *t*, le *z*, l'*r*, le *d*, l'*n*, le *p*, le *q*, le *g*, le *v*, l'*x*, l'*f* et le *c*, mais principalement l'*s*, le *t* et le *z*;

Exemple :

Ils aiment leurs amis. — Elles boivent encore. — Vous venez ici. — Nos ordinaires sont vendues. — Elles unirent ces deux enfants. — Il a les yeux noirs. — Je vois cent hommes. — On le descend aussi. — Voilà du sang humain. — Ce fer sera trop aigu. — On aurait tort de le dire. — Il faut te retourner encore. — Elle perdit cinq enfants. — J'ai neuf agneaux. — Vous agirez avec honneur. — Heureux officiers, approchez,

approchez-vous ! — Ces deux hommes mangent du gâteau.

APPLICATION.

1er *Exemple*.

Si les *petits enfants étaient sages et* obéissants, ils seraient *tous heureux*, ou satisfaits de la vie ; mais la plupart ne le sont pas, ils se montrent plutôt *turbulents et* indociles, et c'est ce qui cause souvent leur mal et celui de leurs *parents et* de *leurs amis*. Que ceux qui ont de *mauvaises habitudes* tâchent de les perdre et d'en acquérir de bonnes, ils ne pourront qu'y gagner, on ne *saurait en* douter.

2e *Exemple*.

Les *petits oiseaux* sont de *petits animaux* pleins de douceur et d'innocence ; ils *font entendre* des chants *mélodieux et* harmonieux, qui surpassent de beaucoup ceux de nos musiciens les *plus habiles*. *Plus on* les *voit et les entend*, ces petits *jolis êtres, plus on* se *plaît à les* voir et à *les entendre*. Dans tous les temps, *ils ont* toujours captivé *les hommes et* les captiveront toujours ; leur pouvoir, sur eux, *est éternel*.

Si, en lisant, on ne faisait point la liaison des sons, ou si on ne faisait pas sonner ou frapper les consonnes sonnantes sur les six voyelles et sur l'*h* muette, la lecture serait moins agréable, moins élégante et moins compréhensible ; c'est pourquoi on doit faire tout son possible pour ne point manquer, en lisant, de bien faire la liaison des sons.

21e Leçon.

De la non liaison des sons.

9. Il ne suffit pas non plus, pour bien lire , de savoir que l'on ne doit point faire la liaison de sons sur les mots qui commencent par l'*h* aspirée, car il faut aussi en connaître la cause. Or, nous devons continuer de dire, à cet effet , que si cette liaison ne doit pas avoir lieu , c'est parce qu'elle ferait mal à l'oreille , ou ôterait, par ce fait , à la lecture, de la grâce , de l'élégance et de la clarté.

10. Il y a, pour ne point faire, en lisant , la liaison des sons sur les mots qui commencent par l'*h* aspirée , une grande difficulté ; c'est que l'on ne peut connaître, par la théorie, les mots de ce genre, ou qu'on ne le peut que par la connaissance ou l'usage. Nous entendons, par là , devons-nous dire , que les mots dont l'*h* est aspirée ne peuvent être connus par leur forme , ni par la place qu'ils occupent dans une phrase, ils ne le peuvent que par une convenance grammaticale ou académique. Ne le pouvant que de cette façon, nous allons, pour habituer les élèves commençant à les reconnaître, leur en donner , pour exemple, quelques-uns des plus connus ou des plus en usage.

Mots commençant par l'*h* aspirée.

1er *Exemple.*

Ces héros, des hardes, nos haricots, les hannetons , vos halles, vous haïssiez , tes harengs, vous haïtes , nos haches, ces hussards, leurs hallebardes, nous haïssons.

2e *Exemple*.

Deux hangars, les Hollandais, vous hacheriez, ils hâleront, les haïssant, vos Hongrois, elles hasardent, ils parlent hardiment, voyez ces hameaux, voilà de jolies harangues.

Application des mots commençant par l'*h* aspirée.

1er *Exemple*.

Ce n'est guère que dans les grandes villes que l'on a vu *des héros* ; les bourgs, les villages et *les hameaux* n'en ont encore montré que très-peu. A quoi attribuer la différence énorme de ces rares personnages? Au manque d'occasion, d'abord ; puis au développement complet de l'intelligence qui est mieux cultivée dans les cités que dans les campagnes.

2e *Exemple*.

Les hussards français sont *plus hardis* que *les hussards hollandais*, même que ceux *des Hongrois* : les *premiers* haïssent la poltronnerie et la mollesse ; tandis que les autres ne sont propres qu'à se coucher à l'ombre, sous *les hangars* ou sous *les halles*.

3e *Exemple*.

Nous savons, par expérience, que *les hasards* ne valent rien ; bien convaincus de cette vérité, nous aimons mieux nous contenter *des harengs* que voici, que de nous *hasarder* de nouveau à courir les chances incertaines d'une seconde pêche ; où, peut-être, les plus courageux

2.

et les *plus hardis* se feraient *haïr* et mépriser par leurs rivaux jaloux.

11. La liaison et la non liaison des sons sont , pour les élèves commençants, tout aussi difficiles que la lecture de certains mots ; mais, bien que telles, on peut néanmoins leur en aplanir aussi la difficulté , et également au moyen d'une double orthographe ou conforme à la prononciation.

Exemple :

Nous écrivons, nous *z*écrivons. — Bois aussi, boi *z*aussi. — Leurs hommes, leur *z*hommes. — Cent unités, cent *t*unités. — Des héros, *dè* héros. — Ces hâleurs, *cè* hâleurs.

Application, au moyen d'une double orthographe, de la liaison et de la non liaison des sons.

1er *Exemple.*

Nos amis écoutent encore nos ennemis.

No *z*ami *z*écoutent *t*encore no *z*ennemis.

2e *Exemple.*

Ces trois héros entrent dans ces hameaux.

Ces troi héros entrent dans cè hameaux.

12. Au moins, à l'aide de bonnes explications et des signes visibles , ou des lettres et des signes de la ponctuation , on peut comprendre l'effet de la liaison ou de la non liaison des sons sans le secours d'un maître , ou sans entendre lire ceux qui lisent bien ; et c'est là un avantage que l'on ne trouve pas dans la prononciation ; ni, comme on va bientôt le voir, dans la distinction des sens et les inflexions de la voix.

22e Leçon.

De la distinction des sens.

13. Ce qui, après la prononciation et la liaison des sons est, pour bien lire, tout à fait indispensable ; c'est la distinction des sens ; celle-ci a pour objet de faire les pauses voulues et indiquées par les signes de la ponctuation, ou à varier, selon le besoin et le sentiment, la voix et les inflexions.

Exemple :

J'ose : Je viens chercher Hermione en ces lieux.
La fléchir, l'enlever, ou mourir à ses yeux.
Toi qui connais Pyrrus, que penses-tu qu'il fasse?
Dans sa cour, dans son cœur, dis-moi ce qui se passe.
Mon Hermione encor le tient-elle asservi?
Me rendra-t-il, Pyllade, un bien qu'il m'a ravi?

Racine.

Cet exemple est admirable pour la distinction des sens, elle y est riche et frappante ; mais pour bien la rendre, telle qu'elle doit l'être, il faut de l'esprit et de la pénétration, ou bien savoir se mettre à la place de celui qui parle ainsi ; et cela, que l'on n'en doute point, n'est pas dû à tout le monde.

14. On doit voir, ici, bien qu'avec un exemple, que l'on ne peut faire comprendre l'effet de la distinction des sens, ou la rendre telle qu'elle doit l'être ; c'est pourquoi nous nous abstenons d'en donner des explications, puisque ce serait peine perdue, ou qu'elle ne peut être comprise qu'en entendant lire ceux qui lisent bien.

15. La distinction des sens est la même pour la prose que pour la poésie, c'est inutile, en conséquence, que nous en donnions un exemple.

23e Leçon.

Des inflexions de la voix.

16. Les inflexions de la voix, nous l'avons déjà dit, sont les dernières formes de l'expression, ou autrement, ses parties les plus belles et les plus difficiles : comme telles, elles ont pour tâche spéciale de faire ressortir, avec grâce, élégance et harmonie, tous les sentiments que l'on éprouve ou que l'on peint. C'est par elles que l'orateur et le bon lecteur passent du grave à l'enjoué, du plaisant au sévère, de la raillerie à la mauvaise humeur, et de la douceur à l'énergie. Si l'un et l'autre savent bien les manier, ils captivent, par leurs charmes et leurs séductions, tous ceux qui les écoutent, surtout ceux qui ont de la sensibilité et de l'oreille.

17. Quiconque manie bien les inflexions de la voix émeut et passionne, fait couler les larmes et embrase ; c'est un fleuve débordé qui subjugue et entraîne tout ce qui s'oppose à son passage. Mais pour agir ainsi en parlant ou en lisant, il faut être sensible, passionné, penseur et intelligent. Celui qui possède cet art à fond et avec goût, est aussi rare qu'un bon musicien ou un bon chanteur.

18. Si, au moyen d'explications et d'exemples, la prononciation et la distinction des sens ne peuvent être rendues, les inflexions de la voix le peuvent encore bien moins ; et cela, parce qu'elles ont une infinité de nuances , de formes et de tournures de tout genre. Sûr de ceci , nous jugeons également convenable de ne point en donner d'exemples.

19. Attendu que la prononciation, la liaison des sons, la distinction des sens et les inflexions de la voix varient à l'infini , ou ne peuvent être, au juste , bien rendues que par la voix, non par des explications, les lettres et les signes de la ponctuation, nous n'en dirons pas davantage, car ce serait temps perdu. Tout ce que , à cet égard, nous croyons devoir dire à ceux qui ne lisent pas bien et veulent apprendre , c'est de leur conseiller d'avoir recours à ceux qui lisent bien, ou de les entendre lire de temps en temps ; de prendre d'eux quelques leçons de lecture. Ces moyens , que l'on en soit sûr , sont, après une bonne étude théorique , les meilleurs qu'il y ait ; ou, pour mieux dire, aucun ne leur est préférable.

24e Leçon.

De la bonne lecture et de son utilité pour étudier avantageusement les arts et les sciences.

20. La bonne lecture consiste à lire comme on parle : Or, lire ainsi, c'est savoir prendre, selon le besoin , le ton , le geste et l'expression des personnes dont on répète les paroles. Il est bon d'entendre , par là , que si on lit les paroles d'un homme, d'une femme d'un enfant, d'un ouvrier, d'un magistrat, d'un sot, d'un savant, etc. , on doit prendre, autant que possible, si on en est capable , le ton, le geste et l'expression qui conviennent à chacun de ces personnages, ou qui leur sont naturels ou habituels.

21. Lorsque l'on sait bien lire, ou par principe, ou que l'on fait convenablement les inflexions de la voix indiquées par la distinction des sens, on comprend beaucoup mieux ce qu'on lit, on y éprouve aussi beaucoup plus de plaisir, comme on est également bien plus propre à comprendre les arts et les sciences que l'on étudie au moyen de la lecture. Cette dernière est donc, en conséquence, soit pour la satisfaction de l'oreille et de l'esprit, soit pour s'instruire seul en lisant, de la plus haute importance; aussi, comme telle, doit-on faire tout son possible pour bien s'y appliquer, on ne saurait y apporter trop de goût et de soins.

DEUXIÈME PARTIE.

—

1re Leçon.

Des nuances de la lecture.

Selon nos besoins, nos désirs, nos joies ou nos maux, nous nous exprimons de diverses manières, ou avec calme et uniformité, ou vite ou lentement, ou bas ou haut, ou avec douceur ou énergie; et de toutes ces manières de nous exprimer, il résulte des expressions froides ou calmes, tempérées ou douces, pathétiques ou énergiques, et par conséquent, trois genres bien distincts de lecture, ou la froide, la tempérée et la pathétique.

Exemples :

Les hommes ont tous intérêt à s'aimer, à se respecter, à être bons, doux, vertueux, justes, sages, moraux, religieux et humains. Ceux qui se montrent ainsi, sont aussi heureux en cette vie qu'on peut l'être, et ne craignent point d'aller dans l'autre, parce qu'ils pensent qu'ils y seront reçus selon leur mérite.

Ce prémier exemple est une lecture froide, parce qu'elle doit être lue avec une expression calme et uniforme.

O vous, qui savez vous mettre à la place de ceux que le sort frappe, et faites tous vos efforts pour les consoler et les soulager dans leurs misères et leurs chagrins, que vous êtes bons et grands ! Que de respect et d'estime vous méritez ! Mais ce respect et cette estime qui vous sont si justement dûs vous ne les trouvez pas toujours ; loin de là, car il en est qui, après avoir été comblés de vos bienfaits et de vos services de tous genres, vous trompent et vous trahissent, vous nuisent de toutes leurs forces, et par un vil intérêt. Ō les méchants et les sots ! pour agir ainsi, pour rendre ainsi le mal pour le bien, qu'ils sont lâches et coupables ! vils et bas !

Ce deuxième exemple est une lecture tempérée, parce qu'elle doit être lue avec douceur et sentiment, ou avec des inflexions propres à toucher, à pénétrer le cœur, et indiquées par les points exclamatifs.

D'où venez-vous, méchant? Qu'avez-vous fait? Quoi, après avoir pillé et brûlé nos demeures, vous nous poursuivez encore jusqu'ici? jusque dans ces solitudes où nous n'avons ni nourriture ni habitations? Mais pour nous poursuivre de la sorte, qui vous y pousse? A qui en voulez-vous? Est-ce à moi, à moi qui ai osé vous traiter, comme vous l'êtes, de monstre et d'assassin? Si c'est ma personne qui vous irrite et vous pousse à une vengeance féroce, avancez, frappez! voici ma poitrine; achevez, dans mon sang, et celui de ceux qui me restent, votre noble et belle conquête!

Ce troisième exemple est une lecture pathétique, parce qu'elle doit être lue avec énergie et colère, ou

avec des inflexions précipitées et violentes, et indiquées par les points interrogatifs et exclamatifs, surtout par les premiers.

On voit, par ces trois exemples, qu'une lecture froide
n'a, pour signe de ponctuation, que la virgule, le
point-virgule, les deux points et le point ; une tempérée,
que le point exclamatif, et une pathétique, ce même
point avec le point interrogatif, surtout ce dernier.

Afin que l'on voie bien la différence qu'il y a entre
une lecture froide, tempérée et pathétique, nous allons
en donner, de toutes trois, quelques exemples en prose
et en vers.

Lecture froide en prose et en vers.

1er *Exemple.*

« Mentor, en souriant, me répondit : « Je n'ai garde
de vous reprocher la faute que vous avez faite ; il suffit
que vous la sentiez, et qu'elle vous serve à être une
autre fois plus modéré dans vos désirs ; mais, quand le
péril sera passé la présomption reviendra peut-être.

Maintenant il faut se soutenir par le courage. Avant
de se jeter dans le péril, il faut le prévenir et le craindre ; mais quand on y est, il ne reste plus qu'à le mépriser. Soyez donc le digne fils d'Ulysse ; montrez un
cœur plus grand que les maux qui vous menacent. »

FÉNÉLON. (*Télemaque.*)

2e *Exemple.*

« O prodige ! longtemps dans sa masse grossière,
Un vil bloc enferma le Dieu de la lumière.
L'art commande, et d'un marbre Apollon est sorti ;

Son œil a vu le monstre, et le trait est parti ;
Son arc frémit encore entre ses mains divines ;
Un courroux dédaigneux a gonflé ses narines ;
Avec ses yeux perçants, devant qui l'avenir,
Le passé, le présent, viennent se réunir,
Du haut de sa victoire il regarde sa proie,
Et rayonne d'orgueil, de jeunesse et de joie.
Chez lui rien n'est mortel : avec la majesté
Son air aérien joint la légèreté ;
A peine sur la terre il imprime sa trace ;
Ses cheveux sur son front sont noués avec grâce.
D'un tout harmonieux j'admire les accords ;
L'œil avec volonté glisse sur ce beau corps.
A son premier aspect, je m'arrête, je rêve ;
Sans m'en apercevoir ma tête se relève,
Mon maintien s'ennoblit. Sans temple, sans autels
Son air commande encor l'hommage des mortels ;
Et, modèle des arts et leur première idole,
Seul il semble survivre au Dieu du Capitole.

DELILLE. (*Les Jardins.*)

3ᵉ *Exemple.*

« On le voit s'annoncer de loin par les traits de feu qu'il lance au devant de lui. L'incendie augmente, l'Orient paraît tout en flammes ; à leur éclat on attend l'astre longtemps avant qu'il se montre ; à chaque instant on croit le voir paraître ; on le voit enfin. Un point brillant part comme un éclair, et remplit aussitôt tout l'espace, le voile des ténèbres s'efface et tombe, l'homme reconnaît son séjour, et le trouve embelli.

La verdure a repris, durant la nuit, une vigueur nouvelle ; le jour naissant qui l'éclaire, les premiers rayons qui la dorent, la montrent couverte d'un brillant réseau de rosée, qui réfléchit à l'œil la lumière et les couleurs. Les oiseaux en chœur se réunissent, et saluent de concert le père de la vie : en ce moment pas un seul ne se tait. Leur gazouillement, faible encore, est plus lent et plus doux que dans le reste de la journée; il se sent de la langueur d'un paisible réveil. Le concours de tous ces objets porte au sens une impression de fraîcheur qui semble pénétrer jusqu'à l'âme. Il y a là une demi-heure d'enchantement auquel nul homme ne résiste ; un spectacle si grand, si beau, si délicieux, n'en laisse aucun de sang-froid. »

J. J. ROUSSEAU. (*Emile*).

4e *Exemple.*

La raison, de l'homme, est le guide et l'appui ;
Il l'apporte en naissant, elle croît avec lui ;
C'est elle qui, des traits de sa divine flamme,
Purifiant son cœur, illuminant son âme,
Montre à ce malheureux, par le vice abattu,
Que la félicité n'est que dans la vertu ;
Qu'elle donne aux humains couverts de son égide
La nudité tranquille, innocente et solide,
La joie et la santé qu'entretient dans sa fleur
Le repos de l'esprit et le calme du cœur ;
Que par elle un mortel, aussi ferme que libre,
Au milieu des revers garde un juste équilibre ;
Rit de ses ennemis, et, résistant au sort,
Affronte l'indigence, et les fers et la mort ;
Comme un rocher que frappe une mer mugissante,
Brave des flots émus la fureur impuissante.

VOLTAIRE.

Lecture tempérée en prose et en vers.

1er *Exemple.*

« Mentor me répondit : Voilà l'effet d'une aveugle passion. On cherche avec subtilité toutes les raisons qui la fournissent, et on se détourne, de peur de voir toutes celles qui la condamnent ; on est plus ingénieux pour se tromper, que pour étouffer ses remords. Avez-vous donc oublié tout ce que les dieux ont fait pour vous ramener dans votre patrie? Comment êtes-vous sorti de la Sicile? Les malheurs que vous avez éprouvés en Egypte ne se sont-ils pas tournés tout à coup en prospérités. Quelle main inconnue vous a enlevé à tous les dangers qui menaçaient votre tête dans la ville de Tyr? Après tant de merveilles, ignorez-vous encore ce que les destinées vous ont préparé? Mais que dis-je? Vous en êtes indigne. Pour moi, je pars, et je saurai bien sortir de cette île. Lâche fils d'un père si sage et si généreux ! menez ici une vie molle et sans honneur au milieu des délices ; faites malgré les dieux , ce que votre père crut indigne de lui. »

FÉNÉLON. (Télémaque).

2e Exemple.

« Est-ce toi, chère Elise? O jour trois fois heureux !
Que béni soit le ciel qui te rend à mes vœux,
Toi qui, de Benjamin comme moi descendue ,
Fus de nos premiers ans la compagne assidue,
Et qui d'un même joug souffrant l'oppression ,
M'aidais à soupirer les malheurs de Sion!
Combien ce temps encore est cher à ma mémoire !
Mais toi, de ton Esther ignorais-tu la gloire?
Depuis plus de six mois que je te fais chercher,
Quel climat, quel désert a donc pu te cacher? »

RACINE. (Esther.)

3e *Exemple.*

« Quels sont ces deux hommes si chéris des dieux ? A-t-on jamais ouï parler d'aventures si merveilleuses ? Le fils d'Ulysse le surpasse déjà en éloquence, en sagesse et en valeur. Quelle mine ! quelle santé ! quelle douceur ! quelle modestie ! mais quelle noblesse et quelle grandeur d'âme ! Si nous ne savions qu'il est le fils d'un mortel, nous le prendrions aisément pour Bacchus, pour Mercure, ou même pour le grand Apollon. Mais quel est ce Mentor qui paraît un homme simple, obscur, et d'une médiocre condition ? Quand on le regarde de près, on trouve en lui je ne sais quoi au dessus de l'homme. »

FÉNÉLON. (*Télémaque*).

4e *Exemple.*

Au bruit de votre mort justement éplorée,
Du reste des humains je vivais séparée,
Et de mes tristes jours n'attendais que la fin,
Quand tout-à-coup, madame un prophète divin :
« C'est pleurer trop longtemps une mort qui t'abuse,
» Lève-toi, m'a-t-il dit, prends ton chemin vers Suse :
» Là, tu verras d'Esther la pompe et les honneurs,
» Et sur le trône assis le sujet de tes pleurs.
» Rassure, ajouta-t-il tes tribus alarmées,
» Sion : le jour approche où le Dieu des armées,
» Va de son bras puissant faire éclater l'appui,
» Et le cri de son peuple est monté jusqu'à lui. »

RACINE. (*Esther.*)

Lecture pathétique en prose et en vers.

1er *Exemple.*

« Français, s'écrierait-il, que sont devenus ces vaisseaux que j'ai commandés, ces flottes victorieuses qui dominaient sur l'Océan? Mes yeux cherchent en vain. Je n'aperçois que des ruines. Un triste silence règne dans nos ports. Hé quoi! N'êtes-vous plus le même peuple? N'avez-vous plus les mêmes ennemis à combattre? Allez tarir la source de leurs trésors. Ignorez-vous que toutes les guerres de l'Europe ne sont plus que des guerres de commerce, qu'on achète des armées et des victoires, et que le sang est à prix d'argent? Les vaisseaux sont aujourd'hui les appuis des trônes.

Thomas.

2e Exemple.

Et quel temps fut jamais si fertile en miracles?
Quand Dieu, par plus d'effets, montra-t-il son pouvoir?
Auras-tu donc toujours des yeux pour ne point voir,
Peuple ingrat? Quoi! toujours les plus grandes merveilles
Sans ébranler ton cœur, frapperont tes oreilles!
Faut-il, Abner, faut-il vous rappeler le cours
Des prodiges fameux accomplis en ce jour?

Racine. (Athalie.)

3e Exemple.

« O Fabricius! qu'eût pensé votre grande âme, si, pour votre malheur, rappelé à la vie, vous eussiez vu la face pompeuse de cette Rome sauvée par votre bras, et que votre nom respectable avait plus illustrée que toutes ses conquêtes?

« Dieux! eussiez-vous dit, que sont devenus ces toits de chaume et ces foyers rustiques qu'habitaient jadis la modération et la vertu? Quelle splendeur funeste a succédé à la simplicité romaine! Quel est ce langage étranger? Quelles sont ces mœurs efféminées?

Que signifient ces statues, ces tableaux, ces édifices ?
Insensés ! Qu'avez-vous fait ? »

J. J. ROUSSEAU. (*L'ombre de Fabricius aux Romains*).

4ᵉ *Exemple*.

Où suis-je?... De Baal ne vois-je pas le prêtre?
Quoi ! fille de David, vous parlez à ce traître?
Vous souffrez qu'il vous parle, et vous ne craignez pas
Que, du fond de l'abîme entr'ouvert sous ses pas,
Il ne sorte à l'instant des feux qui vous embrasent?
Ou qu'en tombant sur lui, ces murs ne vous écrasent?
Que veut-il?... De quel front cet ennemi de Dieu
Vient-il infecter l'air qu'on respire en ce lieu?

RACINE. (*Athalie.*)

2ᵉ Leçon.

De l'utilité, pour les jeunes élèves qui savent lire par principe,
d'une lecture variée, agréable, instructive et salutaire.

Lorsque les jeunes élèves savent une fois lire par
principe il importe, pour leur bien et leur satisfaction,
qu'ils aiment la lecture, et s'y livrent de temps en
temps, et le plus possible. Mais, pour cela, il faut
qu'ils en aient une qui soit variée, agréable, instructive
et salutaire. Or, nous allons leur en offrir une de ce genre
en leur donnant, en prose et en vers, une certaine
quantité des meilleurs morceaux des premiers écrivains.
Et par là, nous ne pourrons, nous l'espérons, que leur
plaire et leur devenir de plus en plus utile, ou terminer
notre œuvre littéraire par des exercices propres à faire
suite aux premiers, ou pouvant leur servir de complé-
ments.

Lecture en prose concernant l'étude du bonheur à l'entrée dans la vie.

« L'entrée dans la vie est pareille à un vaste jardin qui a de beaux fruits, paraissant tous bons, mais dont la plupart sont mauvais et pernicieux. Ceux qui ne l'ont pas encore vu se sentent d'abord tentés de s'y promener et de goûter de ses fruits, qu'ils croient excellents et salutaires ; mais comme ils en ignorent les qualités intérieures, ils courent fort le risque de se tromper dans le choix, ou d'en prendre de mauvais pour de bons. Afin qu'ils ne soient pas exposés à ce danger, il faut que ceux qui les connaissent les en préviennent ou leur disent :

» Défiez-vous de ces fruits qui vous plaisent, et vous paraissent bons et salutaires ; ils ne sont pas sans danger pour vous, il y en a une quantité qui portent un poison violent, et tuent quiconque en mange. Vous, prenez de ceux-ci ; car ce sont les bons, qui entretiennent et charment l'existence. Mais ne touchez pas à ceux-là, car ce sont les mauvais, qui contiennent du venin, et donnent la mort. »

Tel ce jardin que nous venons de décrire, telle est aussi la vie : elle renferme également, non toute espèce de beaux fruits, bons ou mauvais, mais toute espèce de belles choses, qui plaisent fort à la jeunesse, empressée de les désirer et de les rechercher comme toutes avantageuses, mais dont un grand nombre sont souvent loin de l'être. L'ignorant, ne s'en doute même pas, il est utile dans ses intérêts, qu'elle écoute ceux qui le savent, et se font un devoir de l'en avertir.

A notre entrée dans la vie, nous avons bien déjà de l'intelligence et certaines notions; mais pas encore assez pour distinguer le bien du mal, ou savoir ce qui nous est utile ou nuisible. Si nous sommes ainsi, c'est parce que nous manquons d'expérience, et, faute d'elle, nous ne sommes vraiment, sous une foule de rapports, que des apprentis. Néanmoins, c'est ce que nous ne pensons pas. Nous nous représentons l'avenir plus beau et plus facile qu'il n'est, et, dans cette idée flatteuse et enchanteresse, nous le poursuivons avec force pour lui demander les joies et les délices que nous entrevoyons. Mais à mesure que nous nous avançons, nous nous apercevons bientôt qu'il n'est pas tel que nous l'avons rêvé; qu'il est souvent tout le contraire. Car, au lieu de trouver dans notre route, comme nous nous y attendions, des violettes, des roses, des ris, des danses et des plaisirs de tout genre, nous y trouvons plutôt des ronces, des épines, des cailloux, des précipices et des souffrances infinies. Alors nous regardons avec surprise et douleur, et sommes tout stupéfaits de voir cette belle image que nous nous étions créée de l'avenir, changée si vite en un tableau noir, triste, de misère et de deuil.

Ainsi la jeunesse, à son entrée dans la vie, est fascinée par les fausses apparences de l'avenir vers lequel elle marche à grands pas, en s'avançant étourdiment, les bras étendus pour le saisir. Certain qu'elle le voit presque toujours de cet œil, et qu'il la trompe presque

3

toujours, il faut le lui faire voir autrement; c'est-à-dire tel qu'il est en réalité, ou tel qu'elle doit le trouver quand elle l'aborde et le touche.

(*Le Conducteur de la jeunesse*).

Lecture en prose concernant une narration imaginaire.

Calypso ne pouvait se consoler du départ d'Ulysse. Dans sa douleur, elle se trouvait malheureuse d'être immortelle. Sa grotte ne raisonnait plus de son chant : les nymphes qui la servaient n'osaient lui parler. Elle se promenait souvent seule sur les gazons fleuris dont un printemps éternel bordait son île ; mais ces beaux lieux, loin de modérer sa douleur, ne faisaient que lui rappeler le triste souvenir d'Ulysse, qu'elle y avait vu tant de fois auprès d'elle. Souvent elle demeurait immobile sur le rivage de la mer, qu'elle arrosait de ses larmes, et elle était sans cesse tournée vers le côté où le vaisseau d'Ulysse, fendant les ondes, avait disparu à ses yeux. Tout à coup, elle aperçut les débris d'un navire qui venait de faire naufrage, des bans de rameurs mis en pièces, des rames écartées çà et là sur le sable, un gouvernail, un mât, des cordages flottants sur la côte ; puis elle découvrit de loin, deux hommes, dont l'un paraissait âgé ; l'autre, quoique jeune, ressemblait à Ulysse. Il avait sa douceur et sa fierté, avec sa taille et sa démarche majestueuse. La déesse comprit que c'était Télémaque, fils de ce héros. Mais quoique les dieux surpassent de loin en connaissance, tous les hommes, elle ne put découvrir qui était cet homme dont Télémaque était accompagné : c'est que les dieux supérieurs cachent aux inférieurs tout ce qu'il leur plaît ; et Minerve, qui accompagnait Télémasous la figure de Mentor, ne voulait pas être connue de Calypso. Cependant Calypso se réjouissait d'un naufrage qui mettait dans son île le fils d'Ulysse, si semblable à son père. Elle s'avance vers lui ; et sans faire semblant de savoir qui il est :

— D'où vous vient, lui dit-elle, cette témérité d'aborder en mon île. Sachez, jeune étranger, qu'on ne vient point impunément dans mon empire.

Elle tâchait de couvrir, sous ces paroles menaçantes, la joie de son cœur, qui éclatait malgré elle sur son visage. Télémaque lui répondit :

— O vous, qui que vous soyez, mortelle ou déesse (quoique à vous voir on ne puisse vous prendre que pour une divinité), seriez-vous insensible au malheur d'un fils, qui, cherchant son père à la merci des vents et des flots, a vu briser son navire contre vos rochers ?

— Quel est donc votre père que vous cherchez ? reprit la déesse.

— Il se nomme Ulysse, dit Télémaque, c'est un des rois qui ont, après un siége de dix ans, renversé la fameuse Troie. Son nom fut célèbre dans toute la Grèce et dans toute l'Asie, par sa valeur dans les combats, et plus encore par sa sagesse dans les conseils. Maintenant, errant dans toute l'étendue des mers, il parcoure tous les écueils les plus terribles. Sa patrie semble fuir devant lui. Pénélope, sa femme, et moi qui suis son fils, nous avons perdu l'espérance de le revoir. Je cours, avec les mêmes dangers que lui, pour apprendre où il est.

Mais que dis-je? peut-être qu'il est maintenant enseveli dans les profonds abîmes de la mer. Ayez pitié de mes malheurs; et si vous savez, ô déesse, ce que les destinées ont fait pour sauver ou pour perdre Ulysse, daignez en instruire son fils Télémaque.

Calypso, étonnée et attendrie de voir dans une si vive jeunesse tant de sagesse et d'éloquence, ne pouvait rassasier ses yeux en le regardant, et elle demeurait en silence. Enfin, elle lui dit :

— Télémaque, nous vous apprendrons ce qui est arrivé à votre père. Mais l'histoire en est longue; il est temps de vous délasser de tous vos travaux. Venez dans ma demeure, où je vous recevrez comme mon fils; venez, vous serez ma consolation dans cette solitude, et je ferai votre bonheur, pourvu que vous sachiez en jouir. »

Télémaque suivait la déesse accompagnée d'une foule de jeunes nymphes, au-dessus desquelles elle s'élevait de toute la tête, comme un grand chêne, dans une forêt, élève ses branches épaisses au-desssus de tous les autres arbres qui l'environnent. Il admirait l'éclat de sa beauté, la riche pourpre de sa robe longue et flottante, ses cheveux noués par derrière négligemment, mais avec grâce, le feu qui sortait de ses yeux, et la douceur qui tempérait cette vivacité. Mentor, les yeux baissés, gardant un silence modeste, suivait Télémaque.

FÉNÉLON.   (*Télémaque*).

3e Leçon.

Lecture en vers concernant une histoire philosophique.

L'homme est, dans ses écarts, un étrange problème.
Qui de nous en tout est fidèle à soi-même ?
Le commun caractère est de n'en point avoir :
Le matin incrédule, on est dévot le soir.
Tel s'élève et s'abaisse au gré de l'atmosphère,
Le liquide métal balancé sous le verre.
L'homme est bien variable ; et ces malheureux rois,
Dont on dit tant de mal, ont du bon quelquefois.
J'en conviendrai sans peine, et ferai mieux encore ;
J'en citerai pour preuve un trait qui les honore :
Il est de ce héros, de Frédéric second,
Qui tout roi qu'il était, fut un penseur profond,
Redouté de l'Autriche, envié dans Versailles,
Cultivant les beaux arts au sortir des batailles,
D'un royaume nouveau la gloire et le soutien,
Grand roi, bon philosophe, et fort mauvais chrétien.

Il voulut se construire un agréable asile,
Où loin d'une étiquette arrogante et futile,
Il pût, non végéter, boire et courir des cerfs,
Mais des faibles humains méditer les travers,
Et, mêlant la sagesse et la plaisanterie,
Souper avec d'Argus, Voltaire et Lamettrie.

Sur le riant côteau par le prince choisi,
S'élevait le moulin du meunier *Sans-Souci*.
Le vendeur de farine avait pour habitude
D'y vivre au jour le jour, exempt d'inquiétude ;
Et, de quelque côté que vint souffler le vent,
Il y tournait son aile, et s'endormait content.

Fort bien achalandé, grâce à son caractère,
Le moulin prit le nom de son propriétaire ;
Et des hameaux voisins, les filles, les garçons
Allaient à *Sans-Soucis* pour danser aux chansons.
Sans-Soucis !... ce doux nom d'un favorable augure

Devait plaire aux amis des dogmes d'Epicure.
Frédéric le trouva conforme à ses projets,
Et du nom d'un moulin honora son palais.

Hélas! est-ce une loi sur notre pauvre terre
Que toujours deux voisins auront entre eux la guerre;
Que la soif d'envahir et d'étendre ses droits
Tourmentera toujours les meuniers et les rois?
En cette occasion le roi fut le moins sage;
Il lorgna du voisin le modeste héritage.

On avait fait des plans fort beaux sur le papier,
Où le chétif enclos se perdait tout entier.
Il fallait sans cela renoncer à la vue,
Rétrécir les jardins, et masquer l'avenue.
Des bâtiments royaux l'ordinaire intendant
Fit venir le meunier, et d'un ton important :
« Il nous faut ton moulin; que veux-tu qu'on t'en donne?
— Rien du tout; car j'entends ne le vendre à personne.
Il vous faut, est fort bon... Mon moulin est à moi...
Tout aussi bien, au moins, que la Prusse est au roi.
— Allons, ton dernier mot, bonhomme, et prends-y garde :
— Faut-il vous parler clair? — Oui. — C'est que je le garde :
Voilà mon dernier mot. » Ce refus effronté
Avec un grand scandale au prince est raconté.
Il mande auprès de lui le meunier indocile;
Presse, flatte, promet; ce fut peine inutile,
Sans-Soucis s'obstinait. « Entendez la raison,
Sire, je ne peux pas vous vendre ma maison :
Mon vieux père y mourut, mon fils y vient de naître;
C'est mon Postdam, à moi. Je suis tranchant peut-être :
Ne l'êtes-vous jamais? Tenez, mille ducats,
Au bout de vos discours, ne me tenterait pas.
Il faut vous en passer, je l'ai dit, j'y persiste. »

Les rois malaisément souffrent qu'on leur résiste.
Frédéric, un moment par l'humeur emporté :
« Parbleu! de ton moulin c'est bien être entêté;
Je suis bon de vouloir t'engager à le vendre :
Sais-tu que sans payer je pourrais bien le prendre?

Je suis le maître. — Vous !... De prendre mon moulin !
Oui , si nous n'avions pas de juges à Berlin. »

Le monarque, à ce mot, revint de son caprice.
Charmé que sous son règne on crut à la justice ,
Il rit , et se tournant vers quelques courtisans :
« Ma foi , messieurs, je crois qu'il faut changer nos plans.
Voisin, garde ton bien ; j'aime fort ta réplique. »

Qu'aurait-on fait de plus dans une république ?
Le plus sûr est pourtant de ne pas s'y fier :
Ce même Frédéric, juste envers un meunier,
Se permit maintes fois telle autre fantaisie ;
Témoin ce certain jour qu'il prit la Silésie ;
Qu'à peine sur le trône, avide de lauriers,
Epris du vain renom qui séduit les guerriers,
Il mit l'Europe en feu. Ce sont là jeux de prince :
On respecte un moulin, on vole une province.

ANDRIEUX.

Lecture en vers concernant l'automne.

Le soleil, dont la violence
Nous a fait languir si longtemps,
Arme de feux moins éclatants
Les rayons que son char nous lance ;
Et , plus paisible dans son cours ,
Laisse la céleste balance
Arbitre des nuits et des jours.
L'aurore, désormais stérile
Pour la divinité des fleurs,
De l'heureux tribut de ses pleurs
Enrichit un Dieu plus utile ;
Et sur tous les côteaux voisins
On voit briller l'ambre fertile
Dont elle dore nos raisins.
C'est de cette saison si belle
Que Bacchus prépare à nos yeux
De son triomphe glorieux
La pompe la plus solennelle.
Il vient de ses divines mains

Sceller l'alliance éternelle
Qu'il a faite avec les humains.
Autour de son char diaphane
Les ris, voltigeant dans les airs,
Des soins qui troublent l'univers
Ecartent la foule profane.
Tel, sur des bords inhabités,
Il vint de la triste Ariane
Calmer les esprits agités.
Les satyres tout hors d'haleine,
Conduisant les nymphes des bois,
Au son du fifre et du haut-bois.
Dansent par troupe dans la plaine ;
Tandis que les Sylvains lassés
Portent l'immobile Silène
Sur leurs thyrses entrelacés.

ROUSSEAU. (*Odes.*)

Lecture en prose concernant une narration et une description imaginaire.

On arrive à la porte de la grotte de Calypso, où Télémaque fut surpris de voir, avec une apparence de simplicité rustique, tout ce qui peut charmer les yeux. On n'y voyait ni or, ni argent, ni marbre, ni colonne, ni tableaux, ni statue ; cette grotte était taillée dans le roc, en voûte pleine de rocailles et de coquilles ; elle était tapissée d'une jeune vigne, qui étendait ses branches souples également de tous côtés. Les doux zéphirs conservaient en ce lieu, malgré les ardeurs du soleil, une délicieuse fraîcheur ; des fontaines, coulant avec un doux murmure sur dès prés semés d'amarantes et de violettes, formaient, en divers lieux, des bains aussi purs et aussi clairs que le cristal ; mille fleurs naissantes émaillaient les tapis verts dont la grotte était environnée. Là, on trouvait un bois de ces arbres touffus qui portent des pommes d'or, et dont la fleur, qui se renouvelle dans toutes les saisons, répand le plus doux de tous les parfums ; ce bois semblait couronner ces belles prairies, et formait une nuit que les rayons du soleil ne pouvaient percer ; là, on n'entendait jamais que le chant des oiseaux, ou le bruit d'un ruisseau qui, se précipitant du haut d'un rocher, tombait à gros bouillons pleins d'écume, et s'enfuyait au travers de la prairie.

La grotte de la déesse était sur le penchant d'une colline : de là, on découvrait la mer, quelquefois claire et unie comme une glace, quelquefois follement irritée contre les rochers, où elle se brisait en gémissant et élevant ses vagues comme des montagnes ; d'un autre côté, on voyait une rivière où se formaient des îles bordées de tilleuls fleuris et de hauts peupliers qui portaient leurs têtes superbes jusque dans les nues. Les divers canaux qui formaient ces îles, semblaient se jouer dans la campagne : les uns roulaient leurs eaux claires avec rapidité ; d'autres avaient une eau paisible et dormante ; d'autres, par de longs détours, revenaient sur leur pas, comme pour remonter vers leur source, et semblaient ne pouvoir quitter ces bords enchantés. On apercevait de loin des colines et des montagnes qui se perdaient dans les nues, et dont la figure bizarre formait un horizon à souhait pour le plaisir des yeux. Les montagnes voisines étaient couvertes de pampre vert qui pendait en festons ; le raisin, plus éclatant que la pourpre, ne pouvait se ca-

3.

cher sous les feuilles, et la vigne était accablée sous son fruit. Le figuier, l'olivier, le grenadier et tous les autres arbres couvraient la campagne, et faisaient un grand jardin.

Calypso ayant montré à Télémaque toutes ces beautés naturelles, lui dit :

— Reposez-vous; vos habits sont mouillés, il est temps que vous en changiez; ensuite nous nous reverrons; et je vous raconterai des histoires dont votre cœur sera touché.

En même temps, elle le fit entrer avec Mentor dans le lieu le plus secret et le plus reculé d'une grotte voisine de celle où la déesse demeurait. Les nymphes avaient eu soin d'allumer un grand feu de bois de cèdre, dont la bonne odeur se répandait de tous côtés; et elles y avaient laissé des habits pour les nouveaux hôtes.

Télémaque, voyant qu'on lui avait destiné une tunique d'une laine fine dont la blancheur effaçait celle de la neige, et une robe de pourpre avec une broderie d'or, prit le plaisir qui est naturel à un jeune homme, en considérant cette magnificence. Mentor lui dit d'un ton grave :

— Sont-ce donc là, ô Télémaque, les pensées qui doivent occuper le cœur du fils d'Ulysse? Songez plutôt à soutenir la réputation de votre père et à vaincre la fortune qui vous persécute. Un jeune homme qui aime à se parer vainement comme une femme, est indigne de la sagesse et de la gloire. La gloire n'est due qu'à un cœur qui sait souffrir la peine et fouler aux pieds les plaisirs.

FÉNÉLON, (*Télémaque.*)

Lecture en vers concernant la grandeur du règne et du siècle
de Louis XIV.

Ciel ! quel pompeux amas d'esclaves à genoux
Est aux pieds de ce roi qui les fait trembler tous !
Quels hommes ! quels respects ! Jamais monarque en France
N'accoutuma son peuple à tant d'obéissance :
Je le vois comme vous par la gloire animé,
Mieux obéi, plus craint, peut-être moins aimé ;
Je le vois éprouvant des fortunes diverses,
Trop fier en ses succès, mais ferme en ses traverses ;
De vingt peuples ligués bravant seul l'effort,
Admirable en sa vie, et plus grand dans sa mort.
Siècle heureux de Louis ! siècle que la nature
De ses plus beaux présents doit combler sans mesure !
C'est toi qui dans la France amène les beaux-arts ;
Sur toi tout l'avenir va porter ses regards ;
Les Muses à jamais y fixent leur empire :
La toile est animée, et le marbre respire.

Quels sages rassemblés dans ces augustes lieux
Mesurent l'univers et lisent dans les cieux ;
Et, dans la nuit obscure apportent la lumière,
Sondent les profondeurs de la nature entière ?
L'erreur présomptueuse à leur aspect s'enfuit,
Et vers la vérité le doute les conduit.
Et toi, fille du ciel, toi, puissante harmonie,
Art charmant qui polis la Grèce et l'Italie,
J'entends de tous côtés ton langage enchanteur,
Et tes sons souverains de l'oreille et du cœur !

Français, vous savez vaincre et chanter vos conquêtes ;
Il n'est point de lauriers qui ne couvrent vos têtes ;
Un peuple de héros va naître en ces climats :
Je vois tous les Bourbons voler dans les combats ;
A travers mille feux je vois Condé paraître,
Tour à tour la terreur et l'appui de son maître.
Turenne, de Condé le généreux rival,
Moins brillant, mais plus sage, et du moins son égal.

Catinat unissant, par un rare assemblage,
Les talents du guerrier et les vertus du sage :
Celui-ci, dont la main raffermit nos remparts,
C'est Vauban, c'est l'ami des vertus et des arts.
Malheureux à la cour, invincible à la guerre,
Luxembourg de son nom remplit toute la terre.
Regardez dans Denain l'audacieux Villars
Disputant le tonnerre à l'aigle des Césars,
Arbitre de la paix que la victoire amène,
Digne appui de son roi, digne rival d'Eugène.

VOLTAIRE. (*Henriade.*)

4e Leçon.

Lecture en prose concernant les plaisirs et les déplaisirs de chaque âge.

Chaque âge a ses plaisirs et ses déplaisirs, car dans tous il y a toujours un bon et un mauvais côté, et ceci tient à l'imperfection et à la fragilité de notre pauvre es-pèce, et ce n'est pas sans douleur que nous voyons ces choses, mais il ne dépend pas de nous de nous y oppo-ser, ou d'en changer le cours. Celui qui nous a créés tels n'a sans doute pu faire mieux, ou a jugé convena-ble, par des motifs que nous ne connaissons point, qu'il en fut ainsi. Et, bon gré ou malgré nous, il faut alors que nous subissions la loi de ses vues incompréhensibles.

Enfants, nous trouvons notre bonheur à jouer, à courir et à parler de nos petits amusements ; mais ces amusements, bien que simples, ne sont néanmoins pas sans mal et sans contrariétés. Et dès lors, quoique avec aucune apparence réelle de maux, voici pourtant que nous en rencontrons dès les premiers pas que nous faisons.

Adolescents, nous dédaignons les jeux et les amusements enfantins, nous commençons à penser et à juger, ou à entrer dans la vie sentimentale et laborieuse ; nous la regardons déjà d'un œil avide et satisfait ; mais à peine y avons-nous fait quelques pas que nous nous trouvons surpris, que nous rencontrons de suite, au lieu de fleurs et de roses que nous y voyions d'abord, des ronces et des épines ; et ce mal rapide et inattendu nous surprend excessivement ; il nous fait presque déjà regretter le temps de la douce et innocente enfance, dont nous n'étions pourtant pas satisfaits.

De vingt à cinquante ans, nous sommes dans le milieu et la force de l'âge, et c'est alors que toutes nos sensations sont entièrement développées, ou qu'elles ont le plus de vigueur et de durée. Pendant toute cette époque de notre existence, nous nous sentons propres aux plus grandes choses et aux plus grandes entreprises ; et il nous semble que, dans cet état de puissance et d'audace, rien ne peut ni ne doit nous résister et nous arrêter ; mais bien que nous voyant tels nous n'en éprouvons pas moins d'obstacles et de maux de tout genre, et nos souffrances et nos contrariétés n'en sont, dans ce cas, que plus terribles et plus cuisantes.

A cinquante ans, nous commençons déjà à perdre un peu de nos forces physiques, et avec elles s'en vont aussi, et peu à peu, notre intelligence, nos désirs brûlants, nos vanités, nos haines, nos vengeances, notre ambition et notre gloire. Alors, à des idées de feu succèdent bientôt des idées de calme, de paix et de repos. En ces dernières années de notre pauvre et chétive

existence, nous ne nous attachons plus qu'à vivre tranquilles et seuls ; mais à peine nous voyons-nous tels,
que nous apercevons déjà la mort au front triste et ridé,
qui nous invite à la suivre dans son empire sombre
et inconnu ; et ceci trouble encore nos derniers plaisirs.
Ainsi, à quelle époque que ce soit de notre faible et
misérable vie, nous trouvons toujours, malgré toutes
nos précautions et nos mesures, presque autant de déplaisirs que de plaisirs, même souvent beaucoup plus.

(Léon et Pauline).

Lecture en prose concernant la description du bois de
Boulogne.

Le bois de Boulogne, dont on parle presque autant
que du Jardin des Plantes, est aux portes de Paris, et
au couchant. D'une lieue d'étendue, et de forme ronde,
il est remarquable surtout par ses îles, ses lacs, ses
rivières, ses ruisseaux et ses cascades factices qui sont
au milieu ; puis, par le nombre de ses belles et larges
avenues qui rayonnent vers son centre.

C'est là que va tous les soirs, mais principalement le
dimanche s'amuser la jeunesse parisienne ; c'est là encore que vont se distraire et se promener à cheval ou en
voiture, les grands seigneurs et les riches banquiers de
la capitale. Quant aux bourgeois d'une médiocre fortune, ils se promènent à pied ; mais tous quelque soit
leur rang, y éprouvent du plaisir, parce qu'ils y admirent de fort belles choses.

Ce qui frappe d'abord le plus agréablement la vue,
ce sont les lacs, les îles factices, les rivières qui les en-

tourent en serpentant. Il y a une infinité de petites
nacelles de toutes couleurs sur lesquelles on navigue
et l'on pêche, puis les canards sauvages, qui voltigent
d'une aile rapide, sur les rives, fuient les passants, et
vont se reposer sur de petits rochers situés vers les
pentes douces des rivières et des lacs, d'où jaillissent,
par nappes, ou à gros bouillons, des sources d'eau limpide, qui paraissent être naturelles, et pourtant ne le
sont pas. Elles sont formés par des conduits aboutis-
sant aux eaux de la Seine. Après les canards sauvages,
on voit encore une foule de beaux cignes blancs et
noirs qui nagent par bandes, s'approchent des passants, et se jettent sur les menus morceaux de pain
ou de biscuit que leur lancent, dans l'eau, les petits
enfants qui se plaisent à partager avec eux leur goûter,
leur parlent amicalement, les agacent ou les poursuivent de leurs caresses enjouées. Tout, dans ce bois
champêtre, est réellement beau, curieux et admirable
à voir. Aussi y a-t-il toujours beaucoup de promeneurs
français et étrangers. Et tous, quels qu'ils soient, ne
peuvent d'abord s'empêcher de visiter plusieurs fois
ce que nous venons de décrire. Mais ce qui arrête leurs
yeux ravis, ce sont les îles qui s'élèvent majestueusement au milieu et aux extrémités des rivières, jointes par
de petits ponts en bois ronds bien façonnés, et couvertes de tous côtés, de rochers, de pavillons, de dômes,
de clochers, de jardins aux plantes méridionales, de
prairies, de bosquets, de petits bois de chênes et de
sapins, de maisons rustiques et de cafés. A la vue de
toutes ces merveilles, on est tenté d'y aller souvent,

de s'y promener, et de folâtrer sur de jolies petites nacelles de toutes couleurs.

Il y a encore peu de temps, ce bois était loin d'être
aussi beau qu'il l'est aujourd'hui ; car on n'y voyait pas
de lacs artificiels, d'îles, de rivières, de ruisseaux, de
cascades, ni de sources sortant à gros bouillons ou par
nappes, et de petits rochers semblables à ceux qu'a po-
sés la main de la nature. Il n'y avait pas non plus alors
de canards sauvages, ni de cignes, ni de prairies, ni de
maisons rustiques, ni de cafés, ni de jardins ornés de
plantes rares. Si ce séjour est si curieux à voir aujour-
d'hui, si admirable, c'est à Louis-Napoléon qu'on le
doit. Auparavant, c'était tout simplement un bois ordinaire, ou à longues et à larges avenues. Actuellement,
c'est un parc enchanté, un bois artistique, un charmant
paysage.

Outre toutes ces beautés artificielles que nous venons
de décrire, il renferme, dans son étendue, toute espèce
d'arbres, principalement des chênes, des sapins, des
tilleuls, des marronniers et quelques cèdres. On voit
beaucoup de carrés entourés de haies, renfermant toutes
sortes d'animaux sauvages. Ce gibier est destiné à la
chasse des princes qui font souvent la guerre aux liè-
vres, aux lapins et aux coqs de bruyère.

Tel est le bois de Boulogne. Ce parc artistique est
aussi beau par son aspect pittoresque que par ses lacs,
ses îles enchantées, ses rivières tortueuses, ses hautes
et larges cascades, ses rochers de toutes formes, ses
ruisseaux tournoyants et entrelacés, ses sources factices,
ses prairies, ses petits parcs, ses bosquets, ses maisons

rustiques, ses cafés, ses pavillons, ses dômes, ses clochers, ses jardins aux plantes rares, ses promenades et
ses arbres de toutes espèces. Au centre de ce Paradis
terrestre, on découvre, dans les environs, le fort du
Mont-Valérien, sur une haute colline, les châteaux de
Meudon et de Saint-Cloud, qui l'avoisinent, et la Seine
qui serpente autour des fortifications d'Auteuil et du
village de Boulogne.

(Le Lecteur.)

Lecture en vers concernant l'art de la poésie.

C'est en vain qu'au Parnasse un téméraire auteur
Pense de l'art des vers atteindre la hauteur.
S'il ne sent point du ciel l'influence secrète,
Si son astre en naissant ne l'a formé poëte,
Dans son génie étroit il est toujours captif.
Pour lui Phébus est sourd, et Pégase est rétif.

O vous donc, qui brûlant d'une ardeur périlleuse,
Courez du bel esprit la carrière épineuse,
N'allez pas sur des vers sans fruit vous consumer,
Ni prendre pour génie un amour de rimer.
Craignez d'un vain plaisir les trompeuses amorces,
Et consultez longtemps votre esprit et vos forces.

La nature fertile en esprits excellents,
Sait entre les auteurs partager les talents.
L'un peut tracer en vers une amoureuse flamme :
L'autre, d'un trait plaisant éguiser l'épigramme.
Malherbe d'un héros peut vanter les exploits ;
Bacan chanter Pbilis, les bergers et les bois.
Mais souvent un esprit qui se flatte et qui s'aime,
Méconnaît son génie, et s'ignore soi-même.
Ainsi telle autrefois, qu'on vit avec Faret
Charbonner de ses vers les murs d'un cabaret,
S'en va mal à propos, d'une voix insolente,
Chanter du peuple hébreux la fuite triomphante,

Et poursuivant Moïse au travers des déserts ,
Court avec Pharaon se noyer dans les mers. -

Quelque sujet qu'on traite, ou plaisant, ou sublime,
Que toujours le bon sens s'accorde avec la rime.
L'un l'autre vainement ils semblent se haïr ;
La rime est un esclave, et ne doit qu'obéir.
Lorsqu'à la bien chercher d'abord on s'évertue,
L'esprit à la trouver aisément s'habitue.
Au joug de la raison sans peine elle fléchit ;
Et loin de la gêner, la sert et l'enrichit.
Mais lorsqu'on la néglige, elle devient rebelle,
Et pour la ratraper, le sens court après elle.
Aimez donc la raison. Que toujours vos écrits
Empruntent d'elle seule et leur lustre et leur prix.

BOILEAU. (*Art poétique.*)

Lecture en prose concernant une lettre sentimentale et agréable.

Paris , le 22 novembre 1855.

Ma chère Elise,

Depuis quelques jours j'ai de bonnes choses à te dire,
et de bien agréables. Mais pour te les peindre telles
qu'elles sont, il faudrait une autre plume que la mienne,
car je sens que, pour y réussir convenablement,
elle est encore bien faible. Néanmoins, quoique ainsi, il
faut que je me risque, parce que j'ai un trop beau sujet
à te peindre. Comme tel, hâte-toi, bonne amie, d'en
prendre connaissance, je pense que tu n'auras pas à
le regretter.

Avant-hier j'étais à la noce de ma cousine Hortense;
je la vis marier à la mairie et à l'église. Pendant tout
le temps de la cérémonie du mariage, je me tins toujours à ses côtés, et eus continuellement la vue sur elle.

Dans le plaisir que j'éprouvais à la regarder, je ne pouvais me lasser d'admirer sa parure simple et gracieuse, ses cheveux noirs et aux belles formes; puis, sa couronne de fleurs artificielles dont son front haut et bien fait était orné. En la voyant parée de la sorte, pleine de grâces et admirée de tout le monde, que je la trouvais jolie et heureuse! Que de satisfaction j'éprouvais à la voir à côté de son époux et en face de Dieu; du Dieu qu'elle adorait et priait de tout son cœur.

Ce qui, à son mariage, me frappa le plus, c'est le moment où le prêtre, après avoir demandé à son époux s'il voulait l'épouser, lui dit :

— Et vous, Hortense Vilna, voulez-vous aussi prendre, et prenez-vous Auguste Olivier pour votre futur et légitime époux ?

— Oui, monsieur, lui répondit-elle tout bas et d'un air modeste. Le prêtre continua :

— Lui promettez-vous devant Dieu et devant les hommes, de lui garder la foi comme une épouse le doit à son époux ?

— Oui, monsieur, lui répondit-elle encore tout bas, et d'un air toujours modeste.

Ces paroles, vois-tu, me touchèrent; je ne sais quel effet surprenant elles produisirent en moi, je ne puis encore bien me l'expliquer.

A la sortie de l'église, nous nous rendîmes de suite chez le mari de ma cousine, où nous attendait un bon déjeuner, très-appétissant. A peine eut-on mangé et parlé un peu, que l'on fit les compliments d'usage aux deux mariés; on leur souhaita un heureux hymen, puis on se mit aussitôt à danser et à chanter. Ce fut alors que je me trouvai contente, satisfaite, car tu sais que j'aime beaucoup la danse et le chant. Dans ces moments de bonheur, de plaisir, je pensais à toi, chère Elise ! j'aurais voulu te voir avec nous, et à mes côtés; c'eût été une grande joie pour moi. Mais, hélas ! cela ne se pouvait pas, et je le regrettais de tout mon cœur.

Je suis, ma chère et bonne amie, avec le désir que tu puisses, à ton tour, m'apprendre d'aussi bonnes et d'aussi jolies choses, que celles dont je viens de t'entretenir ;

Ton amie tout à fait dévouée et toute à toi,

Marie VILNA.

(Exercices élémentaires de style).

5e Leçon.

Lecture en vers concernant la Monarchie et l'Etat populaire.

Si l'amour du pays doit ici prévaloir,
C'est son bien seulement que vous devez vouloir ;
Et cette liberté, qui lui semble si chère,
N'est pour Rome, seigneur, qu'un bien imaginaire,
Plus nuisible qu'utile, et qui n'approche pas
De celui qu'un bon prince apporte à ses Etats.
Avec ordre et raison les honneurs il dispense ;
Avec discernement punit et récompense ;
Et dispose de tout en juste possesseur,
Sans rien précipiter de peur d'un successeur.
Mais, quand le peuple est maître, on n'agit qu'en tumulte ;
La voix de la raison jamais ne se consulte ;
Les honneurs sont vendus aux plus ambitieux ;
L'autorité livrée aux plus séditieux.
Ces petits souverains qu'il fait naître pour une année,
Voyant d'un temps si court leur puissance bornée,
Des plus heureux desseins font avorter le fruit,
De peur de le laisser à celui qui les suit.

Comme ils ont peu de part au bien dont ils ordonnent,
Dans le champ du public largement ils moissonnent,
Assuré que chacun leur pardonne aisément,
Espérant à son tour un pareil traitement :
Le pire des Etats, c'est l'Etat populaire.

CORNEILLE. (Cinna.)

Lecture en prose concernant une narration imaginaire.

Un jour de printemps, et au mois de mai, un enfant de dix à douze ans se promenait seul, dans une jolie vallée étroite, mais longue, et où coulaient plusieurs ruisseaux aux ondes limpides et argentées, et ombragés de hauts peupliers, de quelques frênes, de tilleuls et d'aulnes. Dans sa marche, il prenait plaisir à contempler toutes ces beautés de la nature, ou à porter ses regards ravis et étonnés de côté et d'autre. Plongé dans cette admiration naturelle à un enfant intelligent qui commence à penser et à juger; il aperçut tout à coup un vieillard aux cheveux blancs, qui, les yeux attachés sur lui, était étonné de son extase.

— Eh bien, mon enfant, lui dit-il, d'un air plein de douceur et de bienveillance, vous admirez donc les beautés de la nature? Vous venez donc les contempler ici, et tout seul?

— Oui, monsieur, lui répondit aussitôt l'enfant; je les considère et les admire à loisir.

A peine eut-il achevé ces mots, que le vieillard parut frappé de son admiration et de sa grande attention à examiner tout ce qu'il voyait, de même que de son état extatique.

— Je vois, mon jeune ami, reprit-il, que vous êtes

pensif et appréciateur des belles choses ; eh bien, puisqu'il en est ainsi, permettez-moi de vous parler un peu,
ou de vous faire remarquer ce que vous ne verriez
peut-être pas bien tout de suite par vous-même, parce
que vous êtes encore trop jeune pour bien en comprendre toutes les beautés ; du moins, il y a tout lieu de le
craindre.

Alors l'enfant ouvrit les yeux et les oreilles, en disant
qu'il consentait avec plaisir à être instruit des choses
qu'il ne connaissait pas, et le vieillard, charmé de cette
réponse, commença ainsi à lui parler :

— Ces ruisseaux aux eaux limpides et argentées, ces
hauts peupliers, ces quelques frênes, ces tilleuls et ces
aulnes qui les ombragent ; ces prairies émaillées de toutes
espèces de fleurs rouges, jaunes, blanches et bleues ;
ces arbres fruitiers qui en sont chargés ; ces milliers
d'oiseaux qui voltigent de toutes parts, et font partout
entendre leur chant séducteur et mélodieux ; tout cela
est beau, n'est-ce pas ? admirable et ravissant ! Mais ce
qui l'est encore plus, et ce à quoi vous ne pensez sans
doute pas, c'est que toutes ces merveilles n'existent
point par elles-mêmes, ou qu'elles doivent leur existence
à un être invisible, infini et tout-puissant qui les créa
à profusion, et en remplit toute la terre pour charmer
et embellir les jours de l'homme.

Voilà, mon cher fils, ce que vous ne saviez sans
doute pas, et ce que j'ai dû vous dire pour vous ouvrir
et vous développer l'intelligence ; ou ce qu'il importe fort
que vous sachiez, parce que c'est, pour votre bien et
votre bonheur, de la plus haute et de la plus grande

importance. Ainsi, toutes les fois que vous verrez, en quelque lieu que ce soit, de belles choses qui frapperont vos regards, étudiez-les avec soin, contemplez-en bien la forme, la structure, la couleur, la grâce et la variété; mais quand, par exemple, vous les aurez bien admirées et contemplées de la sorte, ne manquez pas de penser qu'elles n'existent point par elles-mêmes, ou que toutes doivent leur existence à un être invisible, infini et tout-puissant, que l'on nomme Dieu, et qui a pu et bien voulu les créer.

L'enfant fut très-satisfait de ces paroles; il parut les comprendre, et remercia beaucoup le vieillard de les lui avoir dites; il l'assura même qu'il ferait tout son possible pour en profiter, ou ne manquerait pas de suivre, dans la contemplation des beautés et des richesses de la nature, d'aussi bons conseils.

(Exercices élémentaires de style).

Lecture en vers concernant la République et la Monarchie.

Ne vous flattez-vous pas d'un charme imaginaire?
Seigneur, ainsi qu'à vous, la liberté m'est chère :
Quoique né sous un roi j'en goûte les appas ;
Vous vous perdez pour elle, et n'en jouissez pas.
Est-il donc, entre nous, rien de plus despotique
Que l'esprit d'un Etat qui passe en république?
Vos lois sont vos tyrans; leur barbare rigueur
Devient sourde au mérite, au sang, à la faveur,
Le Sénat vous opprime, et le peuple vous brave ;
Il faut s'en faire craindre, ou ramper leur esclave.
Le citoyen de Rome, insolent ou jaloux,
Ou hait votre grandeur, ou marche égal à vous.
Trop d'éclat l'effarouche : il voit d'un œil sévère,
Dans le bien qu'on lui fait, le mal qu'on peut lui faire,

Et d'un bannissement le décret odieux
Devient le prix du sang qu'on a versé pour eux.

Je sais bien que la cour, Seigneur, a ses naufrages,
Mais ses jours sont plus beaux, son ciel a moins d'orages ;
Souvent la liberté, dont on se vante ailleurs ,
Etale auprès d'un roi ses dons les plus flatteurs.
Il récompense, il aime, il prévient les services ;
La gloire auprès de lui ne fuit point les délices.
Aimé du Souverain , de ses rayons couvert,
Vous ne servez qu'un maître, et le reste vous sert.
Ebloui d'un éclat qu'il respecte et qu'il aime,
Le vulgaire applaudit jusqu'à nos fautes même.
Nous ne redoutons rien d'un Sénat trop jaloux ,
Et les sévères lois se taisent devant nous.

VOLTAIRE. (Brutus.)

Lecture en vers concernant les devoirs d'un roi.

Vos fureurs ne sont pas une règle pour moi :
Vous parlez en soldat, je dois agir en roi.
Quel est donc l'héritier que je laisse à l'empire ?
Un jeune ambitieux dont le cœur ne respire
Que les sanglants combats, les injustes projets ,
Prêt à compter pour rien le sang de ses sujets.
Je plains le Portugal des maux que lui prépare
De ce cœur effréné l'ambition barbare.
Est-ce pour conquérir que le ciel fit des rois ?
N'aurait-il donc rangé les peuples sous nos lois ,
Qu'afin qu'à notre gré la folle tyrannie
Osât impunément se jouer de leur vie ?
Ah ! jugez mieux du trône ; et connaissez, mon fils,
A quel titre nous y sommes assis.
Du sang de nos sujets sages dépositaires ,
Nous ne sommes pas tant leurs maîtres que leurs pères :
Au péril de nos jours, il faut les rendre heureux ;
Ne conclure ni paix ni guerre que pour eux,
Ne connaître d'honneur que dans leur avantage ;
Et quand , dans ses excès, notre aveugle courage

Pour une guerre injuste expose leurs destins ,
Nous nous montrons leurs rois moins que leurs assassins.
Songez-y : quand ma mort, tous les jours plus prochaine,
Aura mis en vos mains la grandeur souveraine,
Rappelez-vous ces devoirs et les accomplissez. »

LAMOTTE-HOUDARD. (*Inès de Gastro*.)

Lettre concernant une proposition de correspondance et de conversation sentimentales et instructives.

Olivet, le 8 Mai 1841.

Ma chère Pauline,

Bien qu'il y ait déjà quinze jours que nous sommes
ici, je ne m'y ennuie point. Je m'y plais plutôt ; et, si
je m'y plais, c'est parce que la campagne a quelque
chose d'agréable et d'admirable, qui satisfait tout à la
fois la vue et l'esprit. Il est vrai, pour ceux qui aiment
le bruit et la variété, qu'elle n'offre pas ce que l'on
voit dans les grandes villes, surtout à Paris ; elle est
plus paisible et plus monotone ; mais c'est précisément
cette paisibilité et cette monotonie que l'on y remarque,
qui en font le charme et le bonheur, du moins, pour
ceux qui ont le goût de la tranquillité et de la simplicité. Quant à moi, je te l'avoue, j'aime à me promener
ici toute une journée avec toi et nos pères, à cueillir
des fleurs, à en faire des couronnes, à te les poser sur
la tête, puis à attraper des papillons, à admirer les
belles formes et les belles couleurs de leurs ailes, et le
vif éclat dont elles brillent. Ce plaisir n'est pas le seul
que je goûte dans ces lieux solitaires et poétiques, il
en est encore un autre, et qui a aussi son prix ; c'est
celui que j'éprouve, lorsque je suis seul, à dessiner,

4

à lire quelques histoires, ou à écrire les réflexions qui me viennent, les sentiments qui m'affectent et me touchent en admirant tout ce qui frappe mes regards satisfaits et épris. Cette dernière occupation est celle qui me convient le mieux, et pour laquelle je me sens le plus d'attrait. Afin de me la rendre encore plus douce et plus agréable, je serais d'avis, si tu le jugeais convenable, de te proposer une petite correspondance sentimentale et instructive entre nous deux, ou de nous écrire, tous les deux ou trois jours, tout ce que nous aurions de plus curieux et de plus intéressant à nous dire. Cette petite correspondance faite avec goût et application, et qui nous est facile; ne pourrait, je crois, soit pour ne pas nous ennuyer lorsque nous sommes seul à seul, et bien employer le temps de loisir, que nous être très-agréable et très-utile, c'est pourquoi je t'engage fort, pour peu qu'elle te convienne, à l'accepter.

Voilà que nous avons l'âge de commencer à penser et à juger, ou d'apprécier ce qui est beau et utile, de même que de distinguer le bien du mal; mais pour agir ainsi, il faut savoir exprimer nos idées d'une manière convenable, ou avec ordre, clarté, élégance et précision. Or, nous ne pouvons y parvenir que de deux façons, ou en nous apprenant à construire et à bien lier des phrases entr'elles, puis en nous livrant, de temps en temps, à toutes sortes de petites conversations sentimentales et instructives. Commençons d'abord à nous exercer dans les premières, nous terminerons ensuite par les dernières.

Voici, ma chère Pauline, les idées qui me sont venues ce matin, en me levant, et que je me hâte de te soumettre. Je crois, si je ne me trompe, qu'elles te flatteront ; et te prie, dans cette douce persuasion, et avec une vive instance, de vouloir bien me répondre tout de suite ce que tu en penses.

Je suis, ma chère et bonne Pauline, et avec le plus vif désir de vite recevoir ta réponse, et de t'être agréable ;

Ton dévoué et affectionné voisin.

Léon ROGER.

(Léon et Pauline.)

Lecture en vers concernant un discours philosophique.

Le vrai philosophe est sobre en ses discours,
Et croit que les meilleurs sont toujours les plus courts ;
Que de la vérité l'on atteint l'excellence
Par la réflexion et le profond silence.
Le but d'un philosophe est de si bien agir,
Que de ses actions il n'ait point à rougir.
Il ne tend qu'à pouvoir se maîtriser soi-même ;
C'est là qu'il met sa gloire et son bonheur suprême.
Sans vouloir imposer par ses opinions,
Il ne parle jamais que par ses actions.
Loin qu'en systèmes vains son esprit s'alambique,
Être vrai, juste, bon, c'est son système civique.
Humble dans le bonheur, grand dans l'adversité,
Dans la seule vertu trouvant la *volonté*,
Faisant d'un doux loisir ses plus chères délices,
Plaignant les vicieux, et détestant les vices :
Voilà le philosophe : et, s'il n'est ainsi fait,
Il usurpe en beau titre et n'en a pas l'effet.

DESTOUCHE.

6e Leçon.

Lecture en prose concernant l'apprentissage de la vie.

Quoique bien constitué, intelligent, sage, courageux et économe, Jules a néanmoins été un des plus malheureux des jeunes gens et des hommes, ou un des plus souffrants et des plus à plaindre. Et s'il a été tel, c'est d'abord parce qu'il est entré seul dans la vie, sans instruction et sans un état approprié à son goût, à ses forces et à son intelligence, puis, qu'il n'a eu personne pour la lui peindre et l'y conduire. Qu'en est-il résulté? qu'il a excessivement souffert, ou éprouvé toutes sortes de contrariétés et de misères depuis l'âge de vingt ans jusqu'à celui de cinquante. Comme elles lui ont causé, pendant tout ce temps, de vives douleurs et de noirs chagrins, il a cherché à en découvrir les sources, afin d'essayer de les tarir. Dans cette vue, qui est noble et philantropique, il s'est adressé à nous, et nous a raconté son histoire. Persuadé, comme lui, qu'elle est curieuse et utile, nous avons pensé que nous ne ferions pas mal d'en parler aux jeunes gens qui entrent dans la vie, de leur faire part des connaissances qu'il a acquises à ses dépens, et lui ont souvent coûté cher. Nous savons à cet égard, qu'ils n'en profiteront pas tous; il s'en faut; mais, parmi la foule, il y en aura toujours quelques-uns, il ne peut en être autrement, et c'est ce qui nous engage à en entreprendre la tâche.

(L'Apprentissage de la vie.)

Lecture en prose concernant la beauté de la source du Loiret.

Regarde, dit Léon à Pauline, en examinant toutes ces merveilles, comme tout ici est beau et admirable! Qu'avec plaisir on voit cette source sortir de terre, cette vaste prairie émaillée de fleurs qui l'entoure de toutes parts, ainsi que les arbres, les statues et les bosquets de lilas fleuris qui s'y montrent çà et là par groupes ou seul à seul! Ceci, en vérité, est beau et séduisant, à ne point se lasser de le voir. Mais ce qui en achève l'effet et le charme, c'est la solitude qui y règne, ce château environné de jardins fruitiers et potagers, et cette charmante rivière qui, dès sa naissance, se montre fière et majestueuse, porte bateau, et se promène lentement à travers toutes ces beautés et ces richesses de l'art et de la nature.

— J'avoue, lui répondit Pauline, que ce sont de beaux lieux, nous ne pouvions mieux choisir pour nous livrer à nos conversations récréatives et sentimentales, ou pour être seuls et tranquilles, et jouir à notre aise, d'une vue séduisante et agréable.

— D'après cette magnifique vue, ou tout ce que tu admires ici, poursuivit Léon, tu es donc satisfaite de la proposition que je t'ai faite?

— Oui, dit encore Pauline, j'en suis satisfaite, et pas un peu, même beaucoup; si je ne l'étais pas, du reste, je ne l'aurais pas acceptée.

(Léon et Pauline.)

Lecture en prose concernant une histoire héroïque et malheureuse.

1er *Exemple.*

Mon père n'épousa ma mère que parce qu'il fût épris de sa beauté, de ses charmes, de son esprit et de sa vertu.

Telle, elle lui parut offrir toutes les qualités les plus désirables, sauf celles de l'instruction et de la fortune; mais, bien qu'ainsi, il remercia néanmoins Dieu de la lui avoir donnée. Comme elle lui plaisait et qu'il l'aimait, il se trouvait heureux de la posséder. Mais tout en se trouvant tel, il lui semblait malgré cela, qu'il manquait encore quelque chose à son bonheur, c'était la richesse et la gloire. Pour acquérir l'une et se couvrir de l'autre, il jugea convenable de faire de longs voyages, ou de voir beaucoup de pays et de mers. Quoique dans ses goûts, ce ne fut néanmoins pas sans un vif regret qu'il se décida à entreprendre de pareilles courses, puisqu'il fallait se séparer de ma mère et de moi, mais enfin l'ardent désir de la fortune et de la gloire l'emporta malgré lui, et il partit, me laissant au berceau, âgé de trois mois. A son départ, il tint ce langage à ma mère.

« Je te quitte lui dit-il, pour ton bonheur et celui de ton fils ; ce n'est pas sans peine, mais enfin que veux-tu y faire, ainsi l'exige le rigoureux destin ; tu sais, à cet égard, ce que je t'ai dit depuis que je te connais, il faut que j'accomplisse mes désirs ; mais en te quittant, j'ai une boîte à te remettre et à te confier, qui contient des objets d'un grand prix, desquels dépend notre bonheur et celui de Léon ; mais pour que ce bonheur se réalise, il ne faut pas que tu l'ouvres, il faut que tu ignores ce qu'elle contient jusqu'au moment où je reviendrai avec la fortune et la gloire. »

Il ne lui dit que ces paroles, et ma mère lui promit de les observer. Persuadé qu'elle n'y manquerait pas, il lui fit ses adieux, m'embrassa et partit pour ses longs et pénibles voyages, qui lui causèrent beaucoup de misères, d'humiliations et de contrariétés, et dans lesquels il ne réussit que très-tard, au bout de dix à douze ans.

2e *Exemple.*

Pauline avait de l'esprit et de la sensibilité ; quoique jeune, elle fut vivement touchée du commencement de l'histoire du père et de la mère de Léon ; elle crut voir, par le peu qu'elle en savait, qu'elle était extraordinaire même mystérieuse, et ceci, on le comprend, la poussait à presser Léon de la lui continuer sans interruption, afin d'en voir vite le bout. Dans cette vue, elle déjeûne à la hâte, et vole tout de suite à la source du Loiret, où l'attend celui qu'elle brûle de revoir. Bien qu'un peu fatiguée de sa marche précipitée, elle l'aborde d'un pas léger, s'assied à côté de lui, le prend par ses vêtements, lui fait quelques politesses comme à un frère, et lui dit en le regardant et en souriant :

« Que la nuit m'a paru longue ! qu'il me tardait de te revoir et de t'entendre ! Qu'avec plaisir j'ai vu revenir le jour ! Tout le temps que j'ai dormi, je n'ai toujours été occupée que de toi, je te voyais toujours auprès de cette source, assise à tes côtés, et prêtant une oreille attentive et satisfaite à ta voix.

Dans cette douce et agréable attention, il me semblait que j'étais avec un petit dieu, me racontant les aventures extraordinaires et mystérieuses d'un homme-dieu, et d'une déesse mortelle. Et ceci, crois-le, crois-le comme je te le dis, me rendait la plus heureuse et la plus satisfaite des filles. »

Après ces quelques mots, elle s'arrête un peu, promène ses regards heureux sur lui, le prend de nouveau par ses vêtements, et continue avec un ton familier et une voix aussi douce que le miel :

« Et toi, toi fils d'un homme-dieu et d'une déesse mortelle, dis-le moi, dis-le moi sans détour ; n'as-tu pas aussi, en dormant, pensé à notre conversation d'hier ? Ne t'a-t-elle pas aussi occupé un peu ? je crois que si, si je ne me trompe, car il me semble qu'il n'a guère pu en être autrement. Voyons tu ne dis rien, tu ne réponds point ; pourquoi ce silence de ta part ? je ne le comprends pas. »

3e *Exemple.*

Voici, ma chère Pauline, ce que, depuis quelque temps, je désirais te dire ; et ce que, je crois, tu as entendu avec complaisance et douleur. Par ce long et triste récit que je viens de te faire, tu vois, à tes pieds, un jeune homme qui, à son entrée dans la vie, est déjà, sans l'avoir mérité, bien malheureux et bien à plaindre ; et a, de plus, pour comble de malheur, un père qui est encore plus malheureux et plus à plaindre que lui, et qui était digne d'un meilleur sort ! Ainsi, en cette triste et courte existence, il n'y a pas de bonheur durable, car, quelque solide qu'il paraisse être, il échappe en un clin d'œil, et aussi bien au monarque qu'au berger.

— Ah ! mon cher Léon, s'écria ici Pauline, et d'un air tout à fait douloureux et abattu, lorsque tu m'as annoncé et commencé cette longue et triste histoire, je la croyais bien intéressante et remarquable, parce qu'il y avait, dans ton air, ta voix et ton attitude, quelque chose qui me le faisait supposer, m'y poussait ;

mais, tout avec cette croyance, j'étais néanmoins loin de la voir telle ; surtout aussi extraordinaire, aussi foudroyante et aussi instructive. Quand on y pense, quel héros elle nous montre ! quelle vertu et quelle grandeur d'âme ! Mais, d'une autre part, quelle mère et quelle épouse !... Dieu ! quand, chez les faibles et malheureux mortels, on voit d'un côté, tant de grandeur et de noblesse, et de l'autre, tant de bassesse et de perfidie, on ne sait que penser et dire ; on est comme sans idées et sans vie, et voilà ce qui me surprend et m'étonne !

A ces paroles profondes et sentimentales, à l'air grave, compatissant et sympathique avec lequel elle les prononçait, Léon se leva, la regarda tristement, la prit par la main, et lui dit, et aussi d'un air grave, sympathique et imposant :

— Tout ce que je viens de t'apprendre, n'est connu que de nos pères, de toi et de moi, est, en vérité, extraordinaire, ou rare et instructif ; mais un peu plus tard, quand il sera temps, je te dirai d'autres choses qui seront encore plus extraordinaires, plus rares et plus instructives que ne le sont celles que tu viens d'entendre.

— Alors, reprit Pauline, que seront-elles donc ?

— Elles seront si fortes, si frappantes, si touchantes et si sentimentales, poursuivit Léon, que tu ne pourras pas y tenir ; elles te bouleverseront l'âme et l'esprit, tu en seras hors de toi-même, comme morte.

(Léon et Pauline.)

4.

7e Leçon.

Lecture en prose concernant l'étude du bonheur à l'entrée dans la vie.

Voir faux, c'est un malheur plus grand que d'être aveugle ; car celui qui voit de la sorte ne se doute même pas de l'extrême besoin qu'il aurait de conseils ; combien donc ne doit-on pas s'appliquer à prémunir la jeunesse ! Puisse-t-on lui dire assez tôt, avec l'autorité d'une expérience incontestable et d'une engageante bienveillance :

« Jeunes gens, voici que vous entrez dans la vie ; mais pour y entrer il y a deux chemins, dont l'un conduit au bien et l'autre au mal. Ne les ayant pas vus, ne pouvant, par conséquent, les connaître, il importe qu'on vous les montre : car si on n'agissait point ainsi, vous pourriez vous fourvoyer, à votre grand désavantage, peut-être vous perdre tout à fait. Et ce n'est pas là assurément ce que vous voulez, ou ce que vous devez vouloir. »

Il faut ensuite les conduire par la main, ou marcher devant eux, en portant un flambeau pour les éclairer, et leur crier de temps en temps :

« Ne passez pas là, car c'est le mauvais chemin, celui qui conduit au vice et au crime, à la misère et au déshonneur. Passez plutôt ici ; car c'est le bon chemin, ou celui qui conduit à la sagesse et à la vertu, au bonheur et à l'honneur. »

Tant que nous ne sommes pas capables de nous nourrir et de nous conduire avec intelligence et sagesse, nous sommes toujours dans l'espèce de végétation de l'enfance ; nous ne sommes pas encore dans la vie active. Nous n'y entrons réellement qu'à seize ou dix-sept ans, ou au moment où nous commençons à penser, à juger et à raisonner, où les passions commencent à naître et à se développer. Et ce moment est, en vérité, celui qui décide de notre sort présent et futur. Si, à cette époque, on nous donne une bonne instruction, surtout après nous avoir bien préparés pendant l'àge précédent, nous entrons tout droit sans peine, nous n'avons qu'à poursuivre sans dévier ; nous sommes aussi heureux qu'on peut l'être en ce monde. Mais si, négligés dans l'enfance, nous n'étions pas habilement dirigés dans l'adolescence, nous ne saurions parcourir la carrière sans un grand nombre de faux pas et de chûtes. Nous aurions beaucoup à craindre de nous voir toujours malheureux.

Ici, venons au secours de la jeunesse ; faisons-la entrer et avancer d'un pas ferme ; marchons à sa tête en lui signalant les obstacles et les écueils. Cette fonction est rude, nous le savons, elle exige autant de lumières que de zèle. Aussi, n'est-ce qu'après avoir acquis l'aptitude indispensable, et étudié à fond le monde et nous-mêmes, que nous nous sommes décidé à nous proposer pour son conducteur et son conseiller ; sans cela nous ne l'aurions jamais osé, nous ne nous en serions pas senti capable.

(*Le conducteur de la jeunesse.*)

Lecture en vers concernant l'existence de Dieu.

Consulte Zoroastre, et Minos, et Solon,
Et le sage Socrate, et le grand Cicéron ;
Ils ont adoré tous un maître, un juge, un père :
Ce système sublime à l'homme est nécessaire ;
C'est le sacré lien de la société,
Le premier fondement de la sainte équité,
Le frein du scélérat, l'espérance du juste.
Si les cieux dépouillés de leur empreinte auguste,
Pouvaient cesser jamais de la manifester ;
Si Dieu n'existait pas, il faudrait l'inventer.
Que le sage l'annonce, et que les grands le craignent.
Rois, si vous m'opprimez, si vos grandeurs dédaignent
Les pleurs de l'innocence que vous faites couler,
Mon vengeur est au ciel : apprenez à trembler.

VOLTAIRE.

Lecture en prose concernant l'étude des personnes et des choses.

Le principal avantage de l'étude des lettres (ou des livres), c'est d'ouvrir et de développer l'intelligence, de faciliter et d'abréger beaucoup la véritable étude.... celle de la nature, des personnes et des choses. Les jeunes gens ont besoin de s'appliquer surtout à celle-ci, et c'est ce que conseillait M. Lourmand à Jules, lorsqu'ils commencèrent à se connaître.

« Etudiez bien les hommes et les choses, lui écrivit-il alors, examinez-les bien. »

Jules a profité de ces sages conseils ; car il peut dire qu'il les a étudiés, les hommes et les choses, et à fond, pendant trente ans. Cette connaissance, il est vrai, lui a coûté cher. Mais quelque chère qu'elle ait été, il n'est pas fâché de l'avoir acquise. Pour cette raison, il engage les jeunes gens qui entrent dans la vie à l'acquérir aussi, ou à profiter du conseil que lui a donné M. Lourmand ; et, pour qu'ils le puissent à moins de frais, il leur dit :

« En étudiant les personnes, (car c'est là le plus difficile), examinez bien ce qui se passe en vous et autour de vous. Vous verrez des gens faire bien et d'autres faire mal ; réfléchissez ainsi :

» En voici qui se trompent, vont de travers et se perdent. En voilà d'autres, au contraire, qui ne se trompent point, vont droit, et arrivent droit au port. Or, comme ces derniers marchent bien, ou sont heureux, il faut, si j'ai un peu de raison, que je les imite ; mais non les premiers, car j'aurais à m'en repentir, je serais aussi malheureux qu'eux. »

Dans tout le cours de sa jeunesse, Jules s'est souvent fait ce raisonnement, et, n'ayant pas à le regretter, il a conservé cette bonne habitude. Quand, à cet égard, il rencontre un homme habile, actif, sensible, doux, juste et instruit, ou plein de toutes espèces de bonnes qualités, il se dit :

« Tout estimable qu'il me paraît, il faut, si je le puis, que je tâche de devenir encore plus estimable que lui, ou de le surpasser. »

Puis, il admire tous les hommes distingués ; et, en les admirant, il brûle de les égaler ou de les surpasser de beaucoup ; et, s'il n'y parvient pas, d'une façon ou de l'autre, il assure que ce n'est point faute d'intention. Avec une disposition pareille, si l'on ne touche pas au but, on s'en approche : jeunes gens, adoptez ces principes ; efforcez-vous, si vous le pouvez, de surpasser tous ceux que Jules n'a pas encore atteints.

(*Le Conducteur de la jeunesse.*)

Lecture en vers concernant l'essence et la majesté de Dieu.

Au milieu des clartés d'un feu pur et durable
Dieu mit avant les temps son trône inébranlable.
Le ciel est sous ses pieds ; de mille astre divers
Le cours toujours réglé l'annonce à l'univers.
La puissance, l'amour avec l'intelligence,
Unis et divisés, composent son essence.
Ses saints dans les douceurs d'une éternelle paix,
D'un torrent de plaisirs enivrés à jamais,
Pénétrés de sa gloire, et remplis de lui-même,
Adorent à l'envie sa majesté suprême.
Devant lui sont ces dieux, ces brûlants séraphins,
A qui de l'univers il commet les destins :
Il parle, et de la terre ils vont changer la face :
Des puissances du siècle ils retranchent la race,
Tandis que les humains, vils jouets de l'erreur,
Des conseils éternels accusent la lenteur.

VOLTAIRE.

Lecture en prose concernant l'ignorance et l'instruction.

Je ne savais pas encore, moi, que l'ignorance est la source intarissable des maux et des vices, et l'instruction celle du bien et de la vertu ; ce n'est que depuis peu que je le sais, et voici comment :

Hier, en me promenant au jardin du Luxembourg, je vis un homme entouré d'une foule curieuse, et qui paraissait disposée à l'entendre parler. Là, assis sur un banc en bois, et d'un air doux et spirituel, il porta gracieusement les yeux sur ceux qui l'entouraient, et leur dit :

« J'ai beaucoup voyagé, et dans tous les pays où j'ai
passé, j'ai toujours remarqué que l'ignorance est la
mère des maux et des vices, et l'instruction celle du
bien et de la vertu. Et ce qui, après ces remarques
générales, a fini de m'en convaincre, c'est un festin
auquel j'assistai dernièrement; et où il y avait une
table garnie d'ignorants, et une autre de personnes
instruites. A la première de ces deux tables, on se
contrariait et murmurait; nul ne paraissait content,
chacun souffrait et faisait souffrir les autres; on ne
voyait que des visages de mauvaise humeur, et n'entendait que des paroles grossières, impolies, immorales
et outrageantes. Et tout ceci réuni produisait le plus
mauvais des effets, ou le tableau le plus pénible et le
plus déchirant. Et ce tableau était le résultat de l'ignorance; car toutes les personnes qui le formaient n'avaient
aucune instruction; et de là provenait leur discorde
entre elles, ou toutes leurs fautes et leurs souffrances
réciproques. Il n'en était pas ainsi à la seconde table,
il s'en fallait; car, à celle-ci, on paraissait joyeux,
satisfait et heureux; et cette joie, cette satisfaction et
ce bonheur que l'on remarquait, provenaient de la politesse, de la douceur, de la bienveillance et de la préve-
nance qui y régnaient. Or, je vis sans peine que ce
que m'offrait ce second tableau était dû à l'instruction;
car tous ceux qui le composaient étaient instruits, ou
connaissaient leurs devoirs; et de plus, se plaisaient et
aimaient à les remplir. Après un dernier coup-d'œil sur
ces deux tables, et sur ce que j'avais vu ailleurs de
pareil, j'en conclus comme je viens de le dire, que

l'ignorance est la source intarissable des maux et des vices, et l'instruction celle du bien et de la vertu. »

Aussitôt que ce philosophe eut parlé de la sorte, il porta un regard rapide sur ceux qui l'écoutaient, afin de s'assurer par là, de l'effet produit par sa leçon. Ils en parurent enchantés, et moi-même, je l'avoue, j'en fus fortement frappé ; je le fus tellement que je n'oublierai jamais ces belles et utiles paroles ; ou que je ferai tout ce que je pourrai pour fuir l'ignorance, source féconde des maux et des vices, et pour acquérir le plus d'instruction possible, source désirable du bien et de la vertu.

(Exercices élémentaires de style.)

Lecture en vers concernant Dieu et son essence.

Cet astre universel, sans déclin sans aurore,
C'est Dieu, c'est ce grand tout, qui soi-même s'adore !
Il est, tout est en lui, l'immensité, les temps,
De son être infini sont les purs éléments ;
L'espace est son séjour, l'éternité son âge ;
Le jour est son regard, le monde est son image ;
Tout l'univers subsiste à l'ombre de sa main ;
L'être, à flots éternels découlant de son sein,
Comme un fleuve nourri par cette source immense,
S'en échappe, et revient finir où tout commence.
Sans bornes comme lui, ses ouvrages parfaits
Bénissent en naissant la main qui les a faits !
Il peuple l'infini chaque fois qu'il respire ;
Pour lui, vouloir, c'est faire ; exister, c'est produire !
Tirant tout de soi seul, rapportant tout à soi,
Sa volonté suprême est sa suprême loi !
Mais cette volonté, sans ombre et sans faiblesse,
Est à la fois puissance, ordre, équité, sagesse.
Sur tout ce qui peut être, il l'exerce à son gré ;
Le néant jusqu'à lui s'élève par degré :
Intelligence, amour, force, beauté, jeunesse,
Sans s'épuiser jamais, il peut donner sans cesse,

Et, comblant le néant de ses dons précieux,
Des derniers rangs de l'être il peut tirer des dieux !
Mais ces dieux de sa main, ces fils de sa puissance,
Mesurent d'eux à lui l'éternelle distance,
Tiennent par leur nature à l'être qui les fit ;
Il est leur fin à tous, et lui seul se suffit !

LAMARTINE. (*Méditation poétique.*)

Lecture en prose concernant une description imaginaire.

Au sud-est de la France, et tout à fait au pied des Pyrénées, est un petit port de mer entouré de toutes parts de côtes incultes et cultivées, et aussi variables par leur forme que par leur hauteur : ce port est la ville de Port-Vendre. Petite et resserrée, cette cité n'est pas, assurément, remarquable, loin de là. Mais si elle ne l'est point par elle-même, elle l'est beaucoup par son phare. Ce dernier, qui en est à peu près à une lieue, au sud-est, est situé sur le sommet d'un pic de huit à neuf cents mètres d'élévation, et d'où l'on voit, au couchant et au sud, les hautes et longues montagnes de la chaîne des Pyrénées, qui séparent la France de l'Espagne. Ce coup-d'œil, en offrant auprès et au loin une infinité de pics couverts de neige ou de verdure, est, à coup sûr, frappant, imposant et admirable ; mais bien qu'ainsi, il ne l'est pas autant que celui qui a lieu sur la mer Méditerranée, qui dort ou mugit au pied de l'observateur, et d'où l'on domine, à la simple vue, au nord, au levant et au midi, une distance de quinze à vingt lieues. Quand, par une belle matinée de printemps ou d'été, on se trouve là au lever du soleil, au moment où l'astre du jour semble sortir du sein de l'onde orientale, et prolonge ses rayons d'or et d'azur dans les flots argentés, des mers, on se sent comme frappé d'extase; on ne peut soutenir la vue d'un spectacle aussi agréable et aussi ravissant! Là ce ne sont point, comme à Paris et ailleurs, des œuvres fragiles, mesquines et sorties des mains de l'homme, que l'on voit; mais bien plutôt des œuvres éternelles, grandioses et sorties des mains habiles et puissantes du Créateur, architecte de l'univers; et ces belles et immortelles œuvres, qu'on le sache, n'ont rien de comparable!

Bien différente du fier Océan, l'admirable mer dont je peins le point de vue, n'a ni flux ni reflux; pour mieux dire, elle n'abandonne point, toutes les douze heures, ses rivages en se reculant par bonds; elle ne les recouvre pas non plus en s'avançant de même; loin d'agir de la sorte, ou d'offrir une vaste plaine couverte, tour à tour, d'un sable immobile, ou d'un liquide sans cesse agité, elle reste continuellement dans le même état, ou présente toujours un miroir calme et uni, peu souvent agité. Et c'est ce qui en fait la beauté et le charme, ou tout le plaisir que l'on éprouve à la voir et à la contempler.

(Exercices élémentaires de style.)

8e Leçon.

Lecture en vers concernant la prière.

Le roi brillant du jour, se couchait dans sa gloire,
Descend avec lenteur de son char de victoire.
Le nuage éclatant qui le cache à nos yeux
Conserve en sillon d'or sa trace dans les cieux,
Et d'un reflet de pourpre inonde l'étendue.
Comme une lampe d'or dans l'azur suspendue,
La lune se balance aux bords de l'horizon;
Ses rayons affaiblis dorment sur le gazon,

Et le voile des nuits sur les monts se replie :
C'est l'heure où la nature, un moment recueillie,
Entre la nuit qui tombe et le jour qui s'enfuit,
S'élève au créateur du jour et de la nuit,
Et semble offrir à Dieu, dans son brillant langage,
De la création le magnifique hommage.
Voilà le sacrifice immense, universel !
L'univers est le temple, et la terre l'autel ;
Les cieux en sont le dôme ; et ces astres sans nombre,
Ces feux demi-voilés, pâle ornement de l'ombre,
Dans la voûte d'azur avec ordre semés,
Sont les sacrés flambeaux pour ce temple allumés.
Et ces nuages purs qu'un jour mourant colore,
Et qu'un souffle léger, du couchant à l'aurore,
Dans les plaines de l'air repliant mollement,
Roule en flacons de pourpre aux bords du firmament,
Sont les flots de l'encens qui monte et s'évapore
Jusqu'au trône du Dieu que la nature adore.
Mais ce temple est sans voix. Où sont les saints concerts ?
D'où s'élèvera l'hymen du roi de l'univers ?
Tout se tait : mon cœur seul parle en silence.
La voix de l'univers c'est mon intelligence ;
Sur les rayons du soir, sur les ailes du vent,
Elle s'élève à Dieu comme un parfum vivant ;
Et, donnant un langage à toute créature,
Prête pour l'adorer mon âme à la nature.
Seul, invoquant ici son regard paternel,
Je remplis le désert du nom de l'Eternel ;
Et celui qui, du sein de sa gloire infinie,
Des sphères qu'il ordonne écoute l'harmonie,
Ecoute aussi la voix de mon humble raison,
Qui contemple sa gloire et murmure en son nom.

LAMARTINE. (*Méditations poétiques.*)

Lecture en vers concernant la pensée.

Mortels, n'assignez point un terme à la pensée ;
Hors du cercle des temps l'Eternel l'a placée :

Tantôt le ciel la voit sur des ailes de feu,
Egarer son essor jusqu'au trône de Dieu ;
Tantôt elle parcourt, avide de connaître,
Et les siècles passés et les siècles à naître.
C'est le rapide éclair dont le sillon ardent
Joint les portes du jour aux rives d'occident ;
C'est Elie emporté dans un char de lumière,
Rien ne peut arrêter son vol ambitieux :
A travers les soleils, peuple brillant des cieux,
Elle s'élance, atteint l'indocile comète ;
Epié, poursuivi dans sa marche secrète,
Cet astre déserteur lui révèle ses lois :
Elle triomphe, vole, et plongeant à la fois
Dans les airs, dans les eaux, dans les flancs de la terre,
Rend de sa royauté l'univers tributaire ;
Et l'incrédule obscur, sans honte, sans remords,
Ose la détrôner pour conquérir la mort ;
On n'accorde à son rang qu'un éclat éphémère.
Tous les siècles courbés sous la gloire d'Homère,
Passent en saluant le monument fameux
Que ce mâle génie édifia pour eux.
Jusqu'au terme des temps, devenus leur conquête,
Voleront, respectés, les accords du prophète :
L'œuvre de la pensée a partout des autels.
La tige, qui produit tant de fruits immortels,
Du souffle de la mort ne sera point flétrie.

SONNET.

Lecture en prose concernant les points essentiels du bonheur à
l'entrée de la vie.

Nous avons tous une certaine mesure d'intelligence ;
c'est ce que nous ne pouvons nier, car tout nous le
prouve ; or, si nous en avons ainsi une, nous devons
chercher, à notre entrée dans la vie, à en faire le meilleur usage possible ; et cet usage consiste, bien entendu,
à commencer d'abord par choisir un état de notre goût,

avec lequel nous puissions vivre ; puis une instruction propre à nous mettre à même de nous diriger avec intelligence et sagesse. Quand nous possédons une fois cela, ce qui doit venir ensuite, c'est la connaissance de nous-mêmes et celles de nos destinées futures, ou celle qui a pour but de nous montrer ce que nous sommes, où nous sommes, d'où nous venons, et où nous allons après notre mort. Ces belles et indispensables connaissances acquises, nous n'avons plus à nous occuper que d'une bonne direction et de bons conseils. Là se borne l'étude des points essentiels du bonheur à l'entrée dans la vie.

1. Celui qui travaille et est courageux peut toujours se nourrir, ou ne point craindre de manquer du nécessaire.

2. De même, celui qui est suffisamment instruit voit toujours clair, et peut toujours, par conséquent, marcher droit.

3. A l'aide de la connaissance de nous-mêmes nous voyons facilement ce qui se passe en nous et hors de nous ; et, par là, nous distinguons vite le bien du mal, et au moyen de cette heureuse distinction, nous sommes naturellement portés à nous défier de nous et des autres.

4. Avec l'idée d'une renaissance en un autre monde, nous sommes forcés, malgré nous, de croire que nous verrons le Créateur ; et que, là, nous aurons le souvenir de nos bonnes ou de nos mauvaises actions commises ici, et en serons justement et infailliblement récompensés ou punis.

5. Habilement dirigés nous voyons d'avance, tout ce qui peut nous servir ou nous nuire ; et c'est pour nous procurer le bien et nous préserver du mal, un excellent remède.

6. Après une bonne direction, rien n'est, assurément, plus utile et plus nécessaire que de bons conseils ; par eux on réfléchit, on juge et on compare ; et, à l'aide de cette dernière étude et des cinq qui précèdent, il est facile d'atteindre les points essentiels du bonheur à l'entrée dans la vie.

(Le Conducteur de la jeunesse.)

Lecture en vers concernant un hymne au soleil :

Dieu, que les airs sont doux ! que la lumière est pure !
Tu règnes en vainqueur sur toute la nature,
O soleil ! et des cieux, où ton char est porté,
Tu lui verses la vie et la fécondité !
Le jour où, séparant la nuit de la lumière,
L'Eternel te lança dans ta vaste carrière,
L'univers tout entier te reconnut pour roi ;
Et l'homme, en t'adorant, s'inclina devant toi.
Dès ce jour, poursuivant ta carrière enflammée,
Tu décris sans repos ta route accoutumée ;
L'éclat de tes rayons ne s'est point affaibli,
Et sous la main des temps ton front n'a point pâli !
Quand la voix du matin vient réveiller l'aurore,
L'indien prosterné te bénit et t'adore !
Et moi, quand le midi de ses feux bienfaisants
Ranime par degrés mes membres languissants,
Il me semble qu'un Dieu, dans tes rayons de flamme,
En échauffant mon sein, pénètre dans mon âme !
Et je sens de ses fers mon esprit détaché,
Comme si du Très-Haut le bras m'avait touché !
Mais ton sublime auteur défend de le croire ?
N'es-tu point, ô soleil, un rayon de sa gloire ?

Quand tu vas mesurant l'immensité des cieux,
O soleil! n'es-tu point un rayon de ses yeux?

LAMARTINE. (*Méditations poétiques.*)

Lecture en prose concernant une lettre amusante, ou une réponse
d'Elise à Marie.

Paris, le 23 novembre 1840.

Ma chère Marie,

Comme toi, ces jours-ci, je ne suis point allée aux noces, et n'ai point goûté, par conséquent, les plaisirs dont tu me parles et auxquels tu as pris part. Mais, en compensation, j'en ai aussi goûté quelques-uns d'un autre genre, car j'étais hier, avec papa et maman à la fête de Saint-Cloud, et je t'assure que je ne m'y ennuyai pas, ou que j'y vis de belles choses, très-curieuses. A notre arrivée, nous nous promenâmes d'abord dans la prairie où a lieu la fête; là, nous admirâmes, avec une grande attention, tous les jeux et les comédies qui s'y tiennent, et que l'on y voit de toutes parts, surtout le parc du château, ainsi que ses fontaines, ses jets d'eau, ses cascades et ses bassins. Fatigués de voir tout cela, nous reprîmes, vers cinq heures, la route de Paris, avec plusieurs de nos voisins et de nos voisines, en suivant la rive gauche de la Seine, qui est bordée de saules et de hauts peupliers. Lorsque nous fûmes au haut de l'île Seguin, ou auprès des murs d'enceinte, nous nous assîmes un moment pour nous reposer un peu et manger quelques fruits que nous avions dans nos poches. Comme nous étions occupés à les manger et à cueillir quelques fleurs dont la prairie est parée, il vînt un âne à nous, qui voulait flairer ces fleurs. Adèle Vigon, que tu connais, est très-gaie, voulut monter dessus, ce qu'elle fit à l'instant. A peine fut-elle sur son dos qu'il se mit à braire de toutes ses forces, à sauter, à courir, à gambader et à ruer, et nous à rire, à rire aux éclats. Mais elle ne riait pas, elle, il s'en fallait bien ; car elle commença de suite à pleurer, à crier :

« A moi! mes amis, à moi! je suis morte, je suis perdue !... »

Elle n'eut pas prononcé ces paroles que l'âne fit un grand saut en l'air, et la jeta à terre. Alors nous cessâmes aussitôt de rire, nous courûmes à son secours ; nous la relevâmes vite, mais pâle, tremblante et respirant à peine. En la voyant ainsi renversée, nous crûmes d'abord qu'elle s'était cassé un bras ou une jambe ; heureusement pour elle il n'en était rien ; elle se déchira seulement un peu la figure et la main gauche. Certains qu'elle n'avait pas de mal, nous la plaisantâmes ensuite, et lui demandâmes si elle voulait remonter sur l'âne.

« Oh! non, non, répondit-elle, je ne veux plus ; j'ai eu trop peur, c'est bien pour la première et la dernière fois que j'y monte. »

Là, s'est terminée notre fête de Saint-Cloud. Tu vois alors que, comme toi, ces jours-ci ont aussi été, pour moi, des jours de plaisir et de bonheur. Comme ayant été tels, je suis, ma chère et bonne amie, et avec le désir que nous puissions en voir de pareils.

Ton amie bien sincère et très-attachée,

Elise DAUGER.

(*Exercices élémentaires de style.*)

Lecture en vers concernant l'immortalité de l'âme.

Oui, Platon, tu dis vrai : notre âme est immortelle ;
C'est un Dieu qui lui parle, un Dieu qui vit en elle,
Eh ! d'où viendrait sans lui ce grand pressentiment,
Ce dégoût des faux biens, cette horreur du néant ?
Vers des siècles sans fin je sens que tu m'entraînes ;
Du monde et de mes sens je vais briser les chaînes,
Et m'ouvrir loin du corps, dans la fange arrêté,
Les portes de la vie et de l'éternité.
L'éternité ! quel mot consolant et terrible !
O lumière ! ô nuage ! ô profondeur horrible !
Que dis-je ! où suis-je ? où vais-je ? et d'où suis-je tiré ?
Dans quels climats nouveaux, dans quel monde ignoré
Le moment du trépas va-t-il plonger mon être ?
Où sera cet esprit qui ne peut se connaître ?
Que me préparez-vous, abîmes ténébreux ?
Allons, s'il est un Dieu, Platon doit être heureux.
Il en est un, sans doute, et je suis son ouvrage ;
Lui-même au cœur du juste il empreint son image.
Il doit venger sa cause, et punir les pervers.
Mais comment ? dans quel temps ? et dans quel univers ?
Ici la vertu pleure, et l'audace l'opprime ;
L'innocence à genoux y tend la gorge au crime ;
La fortune y domine, et tout suit son char.
Ce globe infortuné fut formé pour César.
Hâtons-nous de sortir d'une prison funeste.
Je te verrai sans ombre, ô vérité céleste !
Tu te caches de nous dans nos jours de sommeil ;
Cette vie est un songe, et la mort un réveil.

VOLTAIRE.

9e Leçon.

Lecture en prose concernant la croyance aux récompenses et aux
punitions divines.

Dieu, avons-nous déjà vu, nous a créés avec deux
espèces d'idées, dont les unes nous portent au bien, et

5

les autres au mal; mais en nous faisant comprendre, par notre intelligence, nos goûts, nos désirs, nos besoins, notre pouvoir et notre liberté d'agir, que si nous suivons les premières il nous récompense, et nous punit si nous préférons suivre les dernières. Et, par là, il nous force à voir qu'il nous a créés d'une nature excellente, ou ne pouvait nous en donner une meilleure. Néanmoins, c'est, nous en sommes sûr, ce que presque tous les hommes ne voient point ou ignorent; et cette ignorance volontaire et coupable alors, est ce qui cause, nous l'avons déjà fait voir aussi, leur malheur et celui des autres. Bien certain de cette vérité, nous allons, par devoir, nous permettre d'en dire quelques mots, afin de satisfaire à cet égard, les bons et les croyants, et de corriger, si chose se peut, les méchants et les incrédules. Dans cette douce et agréable vue, que l'on veuille bien nous entendre un peu, parce que cela mérite fortement l'attention.

Pour avoir une existence heureuse et agréable, il nous faut nécessairement des besoins et des désirs à satisfaire; et, avec eux, une ambition quelconque. Si nous n'étions pas ainsi, nous ne goûterions point le bonheur, puisque nous n'éprouverions pas de sensations satisfaisantes. Comme artiste habile, tout-puissant et infini, Dieu a prévu et compris tout cela, et c'est ce qui a fait, sans doute, qu'il nous a produits tels que nous sommes; c'est-à-dire avec la connaissance du bien et du mal, et la possibilité et la liberté de faire, à notre choix, l'un ou l'autre; mais en nous faisant sentir, par exemple, par notre conscience, qu'il nous récompensera après nôtre mort, pour le premier, et nous punira pour le second. Et cette idée est, assurément, la plus grande et la plus heureuse que puisse avoir un être intelligent, pensant, pouvant et libre ; parce qu'elle le met en état de pouvoir se perfectionner lui-même, ou de se corrompre. Et c'est, nous le répétons et devons le répéter, la nature la plus excellente et la plus désirable que pouvait nous donner le Créateur. Mais, pour cela, il fallait nécessairement une vie mortelle, pleine de besoins, de désirs, d'espérances et de passions ; puis, un monde de renaissance, où on est récompensé et puni. Et c'est, il n'y a pas à en douter, ce qui a lieu, car tout le prouve.

(Le Conducteur de la jeunesse.)

Lecture en prose concernant un récit historique.

Enchanté de ces dernières paroles et de l'air attentif et suppliant avec lequel elle les prononçait, Jules, pour se faire bien voir de sa bienfaitrice et captiver encore mieux son attention, lui fit comprendre, par un sourire plein de grâce et de complaisance, qu'il était prêt à lui obéir, et commença ainsi le récit de son histoire :

— Chère Elise ! je suis trop heureux de pouvoir vous plaire ! selon vos désirs, je ne me ferai point prier ; car je vous dirai que, s'il vous tarde de m'entendre, il ne me tarde pas moins, à moi, de parler. A ce sujet, soyez, de grâce, attentive, et écoutez bien :

« Je ne suis pas de ce pays, vous le savez ; mais je n'en suis pas loin, à trois lieues d'ici. Je suis né sur les bords agréables de la petite Creuse, et vers le milieu de son cours, dans un hameau presque assis sur une côte, et d'où la vue pittoresque et poétique s'étend, au soleil levant, sur de beaux châteaux et de beaux sites, qu'arrose et embellit la riante et limpide rivale de la Creuse.

» Là, comme tant d'autres, je fus élevé dans la misère et l'ignorance, et à travers une poignée d'habitants aussi pauvres et aussi ignorants que moi. Néanmoins, parmi ces personnages grossiers et privés d'instruction, il y en avait un qui savait un peu lire et écrire, et aimait beaucoup à me raconter les histoires qu'il avait lues ou entendu lire, surtout celles des héros, ou des grands guerriers. Ayant l'imagination vive et de l'ambition, je l'écoutais avec le plus vif plaisir, et me promettais bien, en l'écoutant, de devenir aussi, un jour, un grand mortel, égal ou même supérieur à ceux dont on me louait les hauts faits. Afin de vous faire juger de ce qui se passait déjà dans ma jeune âme, et des funestes effets qui en résultèrent plus tard, il est utile, je crois, que je vous dise quelque chose de ma naissance, de mon enfance et de mon adolescence. Cette peinture, quoique peu intéressante, ne sera pas indigne de vos oreilles, parce qu'elle vous mettra à même de voir ce qu'est l'homme à l'état de nature et à celui de perfection ; et un tel discours, soyez en sûre, vaut la peine d'être entendu de vous. »

(*Jules et Elise.*)

Lecture en prose concernant le vrai bonheur.

Nous venons de voir que le bonheur est semé partout comme l'herbe dans les champs, et le sable dans la mer, ou que nous pouvons tous le trouver et le goûter.

Mais ce bonheur pour lequel nous sommes tous créés, et que nous désirons et poursuivons avec tant d'ardeur, n'est que matériel ou momentané; et, par conséquent, périssable. Et tout bonheur qui est ainsi n'en est pas un vrai ou un réel. Dans ce cas, quel est donc le véritable ou le plus désirable? C'est celui, il n'y a pas à s'y tromper, qui ne finit point ou est céleste et éternel. Et ce dernier, on le sent, ne peut être puisé que dans la religion, ou que dans la connaissance du Créateur par la créature intelligente et pensante, que par l'espoir flatteur de renaître, après cette courte vie, en une autre; et d'y trouver, aux pieds du grand juge, les récompenses de nos vertus et les justes punitions de nos crimes. Quiconque vit dans cette douce espérance peut être vraiment heureux ou satisfait de l'existence; mais quiconque n'y vit ou n'y croit point ne le peut, car cela lui est tout à fait impossible. Pourtant, combien y en a-t-il qui vivent de la sorte! combien de mille et de millions! Il y en a trop, malheureusement pour eux et pour la société; c'est ce que nous allons, si nous le pouvons, tâcher de faire voir.

Oui, l'idée d'un bonheur céleste ou éternel nous conduit naturellement à la religion, c'est-à-dire à la connaissance du Créateur par la créature intelligente et pensante. C'est, du reste, ce qu'ont compris les penseurs de tous les pays, et ce qu'ils ont dû dire et faire comprendre aux autres.

Tout jeunes, nous ne voyons que le ciel et la terre et ne nous occupons que de choses matérielles; mais aussitôt que nous avons un peu de raison et de lumières, nous voyons un peu plus loin, car nous commençons à comprendre que le monde ne s'est pas fait lui-même, qu'il ne l'a pu, qu'il a eu un créateur. Nous sommes tous conduits à penser de la sorte, en voyant que tout ce qui frappe nos regards et notre pensée est mystère pour nous, ou que nous ne pouvons, malgré nos plus grands efforts, nous expliquer aucun ouvrage de la création. En voici assez, ce nous semble, pour nous forcer à reconnaître un créateur incréé et éternel, ou à sentir le besoin de nous rattacher à lui, de l'aimer, de l'adorer, de lui élever des temples et des autels et de chanter sa gloire et ses louanges.

A peine avons-nous compris un peu cela, que nous nous sentons de suite animés d'une nouvelle vie, ou d'une vie divine, qui nous ennoblit les sentiments, nous élève de la terre aux cieux ou nous montre, de toutes parts, un Dieu puissant et infini, ayant toujours les yeux sur nous, et nous fait voir, d'un regard doux et paternel, un autre monde plein de charmes et de délices, où nous serons mieux que dans celui-ci, et pour toujours. Et ce doux espoir, cet espoir aussi désirable que flatteur, nous cause une grande joie, c'est-à-dire un bonheur céleste et éternel, ou sans mélange de soucis, de peines, de contrariétés et de maux. »

(Le Conducteur de la jeunesse.)

Lecture en prose concernant une narration imaginaire.

Dans un village riche, commerçant, bien bâti et situé sur les bords de la mer Rouge, il y avait, jadis, trois groupes d'enfants qui offraient un contraste rare,

tout à fait curieux, tel qu'on n'en a peut-être jamais vu
de pareil, en aucun pays du monde. Parmi ceux du
premier groupe, les uns étaient couchés, dormant sur
l'herbe; d'autres, plus actifs, chantaient, dansaient ou
jouaient à toutes sortes de jeux. Un certain nombre, on
ne sait par quelle bizarrerie d'idée, se disputaient entre
eux et se battaient même. Il n'en était pas ainsi parmi
ceux du second groupe, car tous étaient assis ou debout
autour d'une grande table ronde. Là, d'un air sérieux,
tranquille et pensif, on les voyait tous travailler à
s'instruire, à étudier les arts et les sciences, ou à lire,
écrire, compter, dessiner, etc. Ceux du troisième
groupe étaien inactifs, ou ne faisaient rien; toutefois,
dans leur inaction, ils avaient les yeux fixés sur les
deux autres groupes et paraissaient vouloir se mêler à
l'un ou à l'autre, mais avec embarras, car ils ne savaient
dans lequel des deux ils trouveraient le plus de plaisir
et de bonheur. Comme ils étaient dans cet embarras et
cette hésitation, il passa près d'eux une jeune femme
qui s'aperçut de leurs désirs, et leur dit :

— Vous qui êtes jeunes et entrez dans la carrière de
la vie, vous désirez, n'est-ce pas, ou jouer, ou danser,
ou vous instruire ?

— Oui, madame! s'écrièrent-ils fortement; mais
dans notre désir nous sommes bien embarrassés, car
nous ne savons pas, pour notre intérêt, si nous devons
aller avec les enfants qui chantent, dansent, jouent, se
disputent entre eux et se battent même; ou si nous
devons préférer nous mêler à ceux qui sont assis ou
debout autour d'une grande table ronde, où ils étudient

les arts et les sciences, ou lisent, écrivent, comptent, dessinent, enfin s'instruisent de toute façon.

— Eh bien! mes enfants, reprit-elle, puisque vous ne savez pas, à cet égard, ce que vous devez faire, ou que vous craignez de vous tromper à votre désavantage, veuillez, s'il vous plaît, m'entendre un peu ; car je puis, à cet effet, vous donner quelques avis qui pourraient vous être profitables.

— Parlez, madame! parlez, répondirent-ils aussitôt, nous vous écoutons, et avec bien du plaisir.

Alors cette femme se tourna d'abord du côté du premier groupe, et dit :

— N'allez pas avec les enfants de ce groupe là, gardez-vous-en bien, parce que vous n'y trouveriez que le mauvais exemple, le vice, la misère, la honte et le déshonneur. Et tout ceci, vous devez le comprendre facilement, est triste, pénible, fâcheux et contraire au bonheur que vous aimez, désirez et recherchez, et pour lequel, croyez-le, vous êtes créés.

Après leur avoir dit cela, elle se retourna du côté du second groupe, et continua :

— Allez plutôt avec ceux de ce groupe, parce que vous y trouverez le bon exemple, la sagesse, la vertu, l'honneur, la richesse, la gloire et le bonheur.

Tous crurent à l'excellence de ses paroles et de ses sages conseils ; ils l'en remercièrent du mieux qu'ils le purent, et coururent aussitôt, de ce pas, se mêler aux enfants du deuxième groupe.

(Exercices élémentaires de style.)

10e Leçon.

Nous portons en nous-mêmes le commencement des récompenses et des punitions divines.

Nous le voyons, nous sommes tous, par notre intelligence, nos goûts, nos désirs, notre pouvoir et notre liberté d'agir, plus ou moins portés à faire le bien ou le mal, ou à nous élever ou à nous dégrader, et exposés, par là, à mériter les récompenses et les punitions divines, et même dès notre vivant ou dès ce monde. Mais bien que nous soyons tous tels, il arrive néanmoins souvent que le bien que nous faisons n'est ni vu ni apprécié, de même que le mal. Dans ce cas, qui est-ce qui nous récompensera de l'un et nous punira de l'autre? Voici l'embarras, car, quelque habile et quelque puissante que soit la justice humaine, elle ne l'est pas encore assez pour voir ce qui se passe en bien et en mal, surtout pour récompenser et punir selon le mérite ou le démérite. Ici, malgré sa volonté et son pouvoir, que peut-elle faire et dire? Rien, absolument rien. Mais Dieu, lui, qui peut et prévoit tout, est venu à son aide par l'intermédiaire de la conscience. Ce juge infaillible et incorruptible, ou dont les regards sont continuellement ouverts, quels sont ceux de nous qui peuvent lui échapper? Aucun, parce qu'il voit et entend toujours, par sa position et sa fonction, tout ce que nous faisons et ce que nous disons; et ne peut, par conséquent, se tromper et nous faire grâce. Si nous agissons bien, il nous encourage et nous félicite; comme si nous agissons mal, il nous le reproche aussitôt, et ne peut

5.

le souffrir. En faut-il plus pour nous montrer le chemin de la vertu et nous détourner de celui du crime?... Non. Voilà donc déjà, pour celui qui pense et voit un peu, un commencement, dès ce monde, des récompenses et des punitions divines. Mais Dieu, dans cette vue, ne s'arrête pas là; car il nous fait sentir encore, par l'approbation ou la désapprobation de notre conscience, qu'il ne se contente point de cette première récompense ou de cette première punition, qu'il nous en réserve une autre ailleurs, où il nous attend après notre mort, et où, lui-même, nous récompensera ou nous punira selon nos œuvres d'ici-bas.

Voilà la joie des bons et des justes, et l'effroi des méchants et des injustes. Mortels, qui que vous soyez, si, à ces idées philosophiques et religieuses vous avez à nous répondre, approchez, n'hésitez point; nous vous attendons de pied ferme.

On dira ou on pensera sans doute, pour échapper à la force et à la vérité de ce raisonnement géométrique et incontestable, qu'il y a des personnes qui n'en ont pas du tout, de conscience, ou la nient; et que celles-là par conséquent, n'ont point à la redouter. Ceci est vrai, malheureusement pour elles et les autres, car nous le savons et en convenons; mais nous savons aussi, à cet égard, par ce que nous voyons et éprouvons en nous-mêmes, qu'il n'est pas d'hommes ni de femmes, quelques sots et méchants qu'ils soient, qui n'en ressentent point quelques effets. S'il n'en était pas ainsi, ils ne seraient pas coupables de faire le mal, et Dieu alors aurait manqué son but en les créant, ou n'aurait rien à

leur reprocher, puisqu'ils seraient l'égal des animaux ;
chose, on le sent, qui n'est et ne peut être ni possible
ni admissible.

(*Le Conducteur de la jeunesse.*)

Lecture en prose concernant une promenade écolière.

Un jour, un jeune instituteur forma la résolution
de faire admirer à ses élèves les beautés de la nature,
et de leur en expliquer la grandeur et l'harmonie. Pour
y réussir, il les conduisit sur un monticule assez élevé,
et d'où la vue s'étendait de toutes parts fort loin. Là, il
les fit tous asseoir en demi-cercle autour de lui, et
leur dit :

» Voyez, mes enfants, regardez ; quel tableau magnifique ! quelle riche campagne s'offre ici à votre vue !
Elle ne peut pas être plus admirable, ni plus séduisante ;
car elle est partout entrecoupée de plaines, de vallons,
de ruisseaux, de rivières, de pâturages, de lacs, de
montagnes, de bois et de vignes. Elle est en même
temps très-peuplée et très-productive en toutes choses.
Mais, hélas ! tous les hommes ne sont pas reconnaissants
envers le Créateur de ses bienfaits. Ce qui le prouve,
c'est qu'ils se nuisent mutuellement, se font souvent la
guerre et s'ôtent par là, une existence qui ne leur appartient pas. Tout ceci, mes amis, est triste et déplo-
rable, on ne peut le nier. Mais, à la fin, il viendra peut-
être un temps où on ne vivra pas de même et où on
sera plus sage, plus juste et plus humain. Ce temps
viendra, sans doute, quand on sera plus instruit et plus
religieux qu'on ne l'est, ou quand tous les hommes

connaîtront et comprendront mieux leurs devoirs envers Dieu et envers leurs semblables. »

Leur ayant dit cela, il se tut un instant et examina leurs figures pour voir ce qui se passait dans leurs âmes. Convaincu qu'ils l'écoutaient et comprenaient ce qu'il leur disait, il continua :

« Ainsi, vous le voyez, cette terre que nous habitons est belle, riche, et agréable, ou faite pour nous plaire et nous captiver. Mais bien que telle, elle n'est pas, dans l'univers, la seule qui existe, car il y en a, sous la voûte du ciel, ou dans l'espace sans fin, une infinité d'autres. On prétend même que les plus petites que nous voyons pendant la nuit, et que l'on appelle étoiles, sont beaucoup plus grosses que le globe terrestre, que nous habitons, et qui a pourtant près de neuf mille lieues de tour. Tous ces astres, qui tournent périodiquement sur eux-mêmes dans un espace fixe, et dont la grosseur est inconcevable, sont une preuve bien convaincante, mes chers enfants, qu'il y a un Être incréé, éternel, infini, et créateur de toute chose. Et cet Être, qui est encore plus incompréhensible que ses œuvres, conserve le monde par sa volonté et sa puissance, il le gouverne, ou a toujours les yeux ouverts sur tout ce qui existe. Par là, il voit et sait tout ce qui se passe, se fait et se dit tous les jours parmi nous. Un tel Être, vous le savez, puisque je viens de vous le dire, est incréé, infini, éternel et inconcevable. Aussi, quand nous pensons à lui, ou que nous examinons attentivement tout ce qu'il est, ce qu'il peut et ce qu'il fait, nous devons tomber à genoux devant sa face divine, puis l'adorer et le prier avec un saint respect et une vive reconnaissance. Oui, nous le devons; car rien n'est plus juste et plus naturel que la créature s'incline devant son Créateur, ou lui rende, d'une manière respectueuse et reconnaissante, tous les hommages et l'amour qu'elle lui doit et qu'il mérite. Quiconque, mes bons amis, pense et agit ainsi, est réellement louable et sage. Dans ce cas, soyez donc religieux, je ne puis trop vous le recommander, soyez-le par devoir et reconnaissance envers Dieu.

(Le Lecteur.)

Lecture en prose concernant l'utilité de la prière.

Bien que nous soyons créés pour le bonheur, nous ne sommes néanmoins pas toujours heureux, il s'en faut, car nous ne pouvons passer la vie sans éprouver quelques souffrances, soit par les maladies, les accidents, les pertes ou les contrariétés. Et quand nous souffrons fort, ou que nous ne pouvons pas résister à nos douleurs, nous nous rendons à Dieu, nous le prions de nous soulager, ou de vite mettre fin à nos vives souffrances.

« Secourez-moi, Dieu ! disons-nous en nous-mêmes, venez vite à mon aide, délivrez-moi vite de tant de maux ! »

Et après lui avoir adressé ces quelques paroles suppliantes, il nous semble qu'il nous a entendus, ou que nous souffrons moins, qu'il nous a ôté le mal comme avec la main. Et il en est encore de même lorsque nous éprouvons un grand plaisir, ou que nous réussissons dans nos désirs et nos entreprises; car, alors nous pensons que notre bonheur vient également de lui, que nous le lui devons aussi. Et, poussés dans cette persuasion par une reconnaissance douce et naturelle, nous nous écrions encore ainsi en nous-mêmes :

« Je vous remercie bien, Dieu ! de m'avoir fait réussir dans mes désirs et mes entreprises, de les avoir accomplis ! »

Et quand nous l'avons remercié de cette façon, nous nous sentons plus heureux, nous n'en trouvons notre bonheur que plus grand. Ainsi, soit que nous souffrions ou que nous ayons du plaisir, la prière nous fait toujours du bien, elle est toujours propre à adoucir nos maux et à augmenter nos joies. Donc, puisqu'elle a une telle puissance sur nous, faisons en usage, servons-nous en souvent; livrons-nous à un langage qui nous tire de la poussière, nous élève au ciel, et nous fait vivre avec la Divinité. Nous avouons, pour notre compte, que nous ne manquons pas de la pratiquer tous les jours, que nous la trouvons très-salutaire, et que nous connaissons même beaucoup de personnes qui ne sont ni bigottes ni fanatiques, et nous en disent autant, ou nous assurent, dans nos conversations amicales et philosophiques, qu'elle leur a souvent été d'un grand secours, ou que, sans elle, elles n'auraient pu résister à leur violentes souffrances, ou à leurs contrariétés excessives; elles se seraient détruites, elles en avaient l'intention, tant elles souffraient. Cet aveu franc et vrai, joint à notre propre expérience, a achevé de nous convaincre. Que les jeunes gens alors pour lesquels nous disons cela, en soient convaincus eux-mêmes ; et sachent, avant d'avoir pu l'apprécier par leurs propres réflexions, que rien, en cette courte et pénible vie, n'est plus utile et plus désirable que cette douce et naturelle conversation sentimentale qui lie la créature intelligente et pensante au créateur.

(*Le Conducteur de la jeunesse.*)

Lecture en prose concernant la description de la place de la Concorde.

La place de la Concorde est un octogone dont quatre des huit côtés sont plus petits que les autres. Aux huit angles de l'octogone s'élèvent autant de pavillons qui servent de piédestaux à des statues emblématiques représentant Lille, Strasbourg, Bordeaux, Nantes, Marseille, Brest, Lyon et Rouen. On voit, à l'Orient, le palais et le Jardin des Tuileries ; au midi, le beau pont qui porte son nom, et le portique du palais législatif ; au nord, les deux palais du Garde-Meuble, et dans le fond, le magnifique temple de la Madeleine, au couchant, les deux superbes chevaux qui décorent l'entrée des Champs-Élisées, la grande avenue qui vient ensuite et enfin, le gigantesque arc-de-triomphe qui la termine. Au centre de cette place, la plus vaste qui existe au monde, entre deux fontaines d'eau jaillissante, ornées de figures mythologiques, telles que des fleuves personnifiés, des néréides, des tritons, des sirènes et des poissons de toute forme, a été érigé, sur un piédestal de granit, un obélisque de trente mètres de hauteur, monument formé d'une seule pierre, venant d'Egypte, et ayant plus de quatre mille ans d'existence.

Cette place n'est pas moins belle pendant la nuit, par tous ces candélàbres en fonte, de couleur bronze, qui l'éclairent au gaz, et ressemblent à une forêt de flambeaux. Qu'est-ce que tout cela prouve en sa faveur? que la ville de Paris, qui l'a faite si magnifique, si admirable, est riche et amie des beaux-arts. Disons encore en finissant, que la place de la Concorde est tristement historique. C'est là qu'en 1793, le 21 du mois de janvier, l'infortuné Louis XVI, victime de la première révolution française, périt sur l'échafaud. Et combien de victimes après lui subirent le même sort !

(*Le Lecteur.*)

11e Leçon.

Lecture en prose concernant les causes de l'irréligion.

Assurément, la religion est très-propre à nous rendre heureux, parce que, seule, elle nous montre des biens et des plaisirs purs et infinis ; et, par ce motif, elle est, pour l'homme et la femme, tout ce qu'il y a de plus utile et de plus désirable. Néanmoins, nous le répétons, quoique telle, beaucoup n'en ont pas, ne sont pas religieux, ou vivent comme les animaux. D'où cela provient-il ? de ce qu'ils sont ignorants, ou ne voient pas Dieu en personne, et se figurent, par là, qu'il n'existe pas, ou ne s'occupe point d'eux. Pourtant s'ils y faisaient un peu attention, ils devraient le voir par toutes ses œuvres ; soit par la constitution de l'univers, par tout ce qui naît et meurt ; surtout, par la force et la lumière des éclairs qui sillonnent et fendent les nues, et le bruit épouvantable du tonnerre qui en est la conséquence. A ces signes célestes qui jettent partout l'effroi et la consternation, et font tout trembler ; vous ne reconnaissez, ne voyez, et n'entendez point une Divinité ? vous vous figurez qu'elle ne s'occupe point de vous ? Pour vous le montrer d'une manière visible et incontestable que vous faut-il donc de plus ?... Quoi ! quand à la lueur des éclairs qui brillent d'un bout à l'autre du ciel, aux coups de tonnerre qui éclatent et roulent dans l'espace, le lion mugit d'effroi, le taureau tremble et baisse la tête en se tapissant le long des haies, vous ne reconnaissez, ne voyez, et n'entendez point un Dieu ?

— Mais, direz-vous sans doute à cet effet, les éclairs et le tonnerre dont vous parlez, ne sont autre chose que le résultat des vapeurs de la terre qui, par des courants de froid et de chaleur se condensent et se heurtent.

— Fort bien, devrons-nous vous répondre ; mais ce résultat sur lequel pour vous défendre, vous vous appuyez, part d'une autre cause, et cette cause ne peut provenir que de la toute-puissance du Créateur, parce que lui seul est capable de la produire. Et ceci est suffisant, nous croyons, pour nous faire sentir le besoin indispensable de nous rattacher à lui par la religion, ou pour nous prouver que nous sortons de lui, que nous y retournons après notre mort, qu'il a tout pouvoir sur nous, qu'il doit toujours être notre première et notre dernière occupation, que nous ne pouvons pas plus nous passer de lui que de la lumière pour voir et de l'air pour respirer. Si nous le voyions en personne comme nous voyons le soleil, nous serions trop heureux, nous aurions trop de confiance dans sa grandeur et sa puissance infinies. Dans l'espoir et la crainte d'être récompensés pour nos bonnes actions, et punis pour nos mauvaises, nous ne ferions toujours que le bien, nous ne commettrions jamais le mal, nous serions forcés d'être parfaits, avons-nous déjà vu. Et, sous ce rapport, nous n'aurions pas de mérite à l'être. Et c'est, sans doute, nous le répétons, ce qu'il a prévu en nous créant, ou l'a conduit à juger convenable de nous cacher son existence visible et personnelle. Pour ne point en douter, que faire alors? il faut, comme on le dit depuis fort longtemps : « que nous croyions sans voir. »

Et c'est là, on ne peut le nier et le combattre, le mystère de la religion ; et ce mystère, pour quiconque s'en fait une idée, est, en vérité, grand, imposant, et digne de réflexions.

(Le Conducteur de la jeunesse.)

Lecture en prose concernant la grandeur de l'homme.

Il naît, de temps en temps, quelques hommes rares et utiles, ou destinés à concevoir et à faire de grandes choses. Et tous, dès leur enfance, ont presque toujours le pressentiment de leur avenir. Et ce pressentiment leur est naturel, ils l'apportent en naissant; et cela est cause que, de bonne heure, ils commencent à penser et à se préparer à leur œuvre.

Les uns, à cet effet, se sentent animés du feu de la guerre, des arts, des sciences, de la politique, de la législation, etc., et les autres de celui des lettres, de la musique, de la morale, de la religion, de la philosophie, etc. Et chacun d'eux, dans ce noble et ardent désir où le pousse son génie, marche, à son insu, vers le but qu'il doit poursuivre et atteindre, et toujours par des routes ténébreuses, cachées, tortueuses, difficiles et mystérieuses. Si elles étaient droites, unies, faciles et éclairées d'une brillante lumière ; si, dès leur début, ils en voyaient tout le parcours, ils n'auraient pas de mérite à les parcourir, ou ne pourraient devenir, par là, ni vertueux, ni glorieux ; et leur vertu et leur gloire, dans ce cas, n'auraient pas de prix. Et c'est sans doute ce qu'a prévu le Créateur, et ceci l'honore, de même que ses créatures.

Quoique d'une naissance obscure ou enfant du peuple, Jules est peut-être un de ces hommes rares et utiles qui ne paraissent que de temps en temps, du moins il le croit ou s'y sent porté malgré lui, et cela le remplit un peu d'orgueil, ou lui donne une bonne opinion de lui ou de son avenir. Au milieu de cette douce persuasion, il voit déjà tout en beau, car tout lui paraît déjà facile et possible. Et plein alors de cette flatteuse et séduisante idée, il se met au-dessus de tout, et n'a rien à craindre ni à redouter ; et cette dernière manière de juger est un défaut, parce qu'elle rend l'homme trop satisfait de lui-même, ce qui n'est pas sage. Lorsqu'il se voit ainsi, l'homme s'oublie et se divinise ; et s'oublier et se diviniser, c'est offenser la vraie divinité, car Dieu, étant ce qu'il est, ne peut et ne doit souffrir que ses créatures l'égalent. Tout mortel, quel qu'il soit, porte en lui la faiblesse et l'imperfection humaine, et a besoin, quand il s'oublie un peu, d'une leçon, et cette leçon utile et salutaire, c'est le Dieu des dieux qui la lui donne, et par des secrets impénétrables, dont il a toujours les mains pleines.

Celui qui se sent sage, vertueux et intelligent, est naturellement porté à se voir d'un bon œil, et à vouloir tout dominer par la pensée et la grandeur d'âme. Dans cette vue, il se met au-dessus des passions et des rois, ou croit que tout doit plier et s'incliner devant lui. En ce cas, il a quelquefois besoin, pour lui rappeler sa faiblesse et son néant, de rencontrer dans ses désirs et ses entreprises, quelques obstacles invincibles, et ces obstacles imprévus et multipliés, il les trouve souvent où il s'y attend le moins, même jusque dans les plus petites choses. Une fois, par exemple, qu'il a eu de telles leçons à ses dépens, il commence à ouvrir les yeux sur lui-même, ou à comprendre qu'il est faible et borné. Alors un sentiment religieux et accablant commence à s'emparer de lui, et lui prouve bientôt, par sa faiblesse et les douleurs cuisantes qui le dévorent, qu'il n'y a pas que le dieu de la *paix* qui est puissant, qu'il en existe un autre qui l'est encore plus que lui, et devant lequel il faut, ici, que tout courbe et fléchisse. Nous convenons, dans cette fâcheuse circonstance, que le penseur qui éprouve de pareilles difficultés souffre beaucoup, ou que c'est lui faire payer cher ses leçons de sagesse et de haute philosophie. Mais ces précieuses leçons ont l'avantage d'augmenter sa gloire et ses vertus, ou de le faire passer, par là, de l'état d'homme à celui de dieu. Et il ne peut, on vient de le voir, parvenir à cet heureux et souhaitable état, par des chemins de fleurs et de roses, mais seulement que par ceux de flammes et de soufre, où qui sont tout couverts d'épines et de serpents, et où l'on ressent les plus vives douleurs et les plus grandes contrariétés. Si ceux qui ont le désir de parcourir ces derniers chemins les connaissaient d'avance, ils hésiteraient sans doute à y mettre le pied, ou reculeraient d'effroi et d'épouvante. Mais faute d'expérience, ils ne les connaissent pas, loin de là, ils s'y élancent, pour cette raison, de toutes leurs forces. Et quand ils s'y sont ainsi élancés, ils s'en tirent comme ils le peuvent, plutôt mal que bien. Et il est croyable que Jules, qui depuis longtemps a les yeux dessus, et brûle de s'y précipiter, en fera autant qu'eux.

(Jules et Elise.)

Lecture en prose concernant le besoin que nous avons toujours d'un appui supérieur à nous.

Enfants, nous sentons déjà notre faiblesse, ou nous voyons déjà, sans pouvoir nous l'expliquer, que nous ne pouvons rien par nous-mêmes, ou que nous avons toujours besoin, pour nous conduire et nous soutenir, d'un appui supérieur à nous; et que cet appui, dont nous ne pouvons nullement nous passer, est notre père et notre mère. Aussi, dans ce cas, nous reposons-nous entièrement sur eux du soin de notre vie, nous semble-t-il qu'ils en sont les maîtres et les gardiens responsables, et ne peuvent pas plus exister sans nous que nous sans eux. Nous vivons dans cette douce persuasion jusqu'au moment où nous n'avons plus besoin d'eux pour nous nourrir et nous diriger, où nous pouvons nous dispenser de leur tutelle et de leurs soins. Il nous semble, à cette époque, que nous ne devons plus sentir le besoin d'une puissance supérieure à la nôtre pour nous appuyer en elle, ou que nous devons nous croire assez forts par nous-mêmes pour exister heureusement. Eh bien! pas du tout, il n'en est nullement ainsi, car ce n'est qu'alors que nous commençons à apprécier la vie, ou à nous connaître. Et, dans cette connaissance, nous voyons de suite, avec assez de surprise, que nous ne sommes rien par nous-mêmes, que le moindre revers nous abat d'un seul coup, ou que nous ne pouvons et ne devons compter sur rien de solide, que ce qui nous soutient aujourd'hui tombe demain, ne peut se soutenir par soi-même, que tout ce que nous connaissons et nous environne est faible et périssable comme nous. Une fois convaincus de cette grande et terrible vérité, nous sentons que, dans notre enfance, nous avons toujours besoin d'un appui supérieur à nous pour nous soutenir dans notre faiblesse, et sur lequel nous pouvons, en tout temps et en tous lieux nous reposer. Mais cet appui si désirable et si indispensable, nous ne le voyons pas et ne pouvons plus le trouver chez notre père et notre mère, qui maintenant à nos yeux ne sont pas plus que nous, sont même moins par leur âge avancé. Puisque, tout à l'heure, il en est ainsi, où donc le trouver alors cet appui? Nulle part, pas plus chez les rois que chez les autres hommes, parce que tous ne sont, comme nous, que de vains et faibles mortels, ou que de pauvres et chétives créatures qu'un souffle élève et renverse. Quand, d'un œil froid et ap-

préciateur, nous examinons bien tout ceci, nous détes-
tons presque la vie, elle nous paraît presque insuppor-
table. Mais pour vivre de la sorte, nous sentons plus
que jamais la nécessité indispensable d'un appui supérieur à nous, et n'ayant lui-même, pour le soutenir,
besoin d'aucun autre appui, ou pouvant exister par lui
seul, et en tout temps et en tous lieux. Frappés de
cette idée salutaire et heureuse, nous le désirons à toute
force, et le cherchons partout, tant nous en sentons le
besoin, ou l'indispensable nécessité. Et après quelques
efforts et de profondes réflexions, nous finissons enfin
par comprendre que, puisqu'il y a des créatures intelligentes et pensantes, il y a nécessairement un créateur,
et que celui-ci existe par lui-même, et dans tous les
temps comme dans tous les lieux, et ne peut, par conséquent, s'anéantir.

Voilà, pour quiconque voit, pense et juge, l'appui
supérieur à nous que nous désirons et cherchons, et
dont nous avons tant besoin, ou sans lequel nous ne
pouvons vivre; voilà alors que le Créateur se révèle naturellement à ses créatures intelligentes et pensantes;
et, par ce fait admirable et heureux, Dieu et la religion
sont découverts.

Il est maintenant facile de voir, ce nous semble, par
ceci, que nous ne pouvons, comme nous venons de
l'avancer, vivre sans un appui supérieur à nous, ou qui
existe par lui-même, toujours et en tous lieux, et que
ce grand et admirable appui est Dieu, Dieu, l'effroi et
la punition des méchants, et le vengeur et le consolateur
des bons et des malheureux.

(Le Conducteur de la jeunesse.)

12ᵉ Leçon.

Lecture en prose concernant la description du palais des Tuileries
et celle de celui du Louvre.

Le palais des Tuileries est celui qu'habitent les rois
ou les empereurs de France ; il est peu large, mais très-
long, et s'étend du midi au nord, et depuis le bord de
la Seine jusqu'à la rue de Rivoli. Il est remarquable,
d'abord, par la hauteur gigantesque des deux pavillons
qui forment ses deux extrémités, puis, surtout par celui
du milieu, qui est surmonté d'un dôme quadrangulaire,
sur lequel flotte le drapeau national, et sous lequel se
trouve la salle du trône et de l'horloge. Il est encore remarquable par ses appartements, ses escaliers, ses meubles, ses glaces, ses façades, ses vues au couchant et
au levant, dont l'une donne sur le jardin qui porte son
nom, et l'autre sur le Louvre. Ce qui en relève l'agré-
ment et le charme, c'est que, de la salle du Trône, qui
est sous le dôme de l'Horloge, on voit l'arc de triomphe
de la barrière de l'Etoile, puis les revues et les manœuvres
des troupes sur la place du Carrousel. Tout cela offre en
vérité un coup d'œil charmant aux rois ou aux empereurs qui habitent ce palais, qui a déjà près de quatre
cents ans d'existence.

Le Louvre est un autre palais qui renferme, dans de
vastes salles et de longues galeries, tous les objets d'art
les plus précieux et les plus rares, provenant de tous
les pays du monde, et de toutes les époques, surtout en
fait de peinture, de sculpture, de gravure et d'architecture, tels que tableaux, statues, vases, bijoux,

mes, outils, meubles et vêtements. Dans les salles et les galeries du bas sont les statues, et dans celles du haut sont les tableaux, les plans, les dessins, les gravures, les vases, les meubles, les momies d'Egypte, les vêtements, les outils, les instruments et les bijouteries. Tous ces objets sont si beaux et si séduisants que l'on ne peut se lasser de les voir et de les admirer. Les salles et les galeries où ils sont renfermés sont elles-mêmes très-belles et très-somptueuses ; elles le sont surtout par leurs plafonds, leurs parquets, leurs colonnes en marbre ; leurs corniches, leurs larges escaliers, leurs glaces, leurs peintures, leurs sculptures, leur architecture et leurs dorures. Là, tous les dimanches, en été comme en hiver, une foule de visiteurs viennent contempler et apprécier tous les chefs-d'œuvre de l'art.

Le palais qui contient ces nombreuses merveilles est carré, et aussi remarquable par sa riche construction que par les objets artistiques qu'il renferme. Sa cour intérieure est de forme carrée et excessivement grande, ou a près de quatre cents mètres sur les quatre faces ; et est d'une bonne architecture. Mais ce que ce palais a de rare ou de magnifique, c'est sa longue colonnade extérieure, située à l'est, construite sous Louis XIV, et d'après les plans d'un médecin, nommé Perrault, et dont le bon goût et le génie furent préférés à ceux des premiers architectes de Rome. Ce palais est rattaché à celui des Tuileries par deux longues ailes, qui s'étendent du levant au couchant, et dont l'architecture est aussi très-remarquable, principalement celle des deux moitiés intérieures, qui se joignent au Louvre, forment

6

deux avant-corps sur la place du Carrousel, et ont été faites de nos jours.

Par leur étendue, leur hauteur, leur aspect varié, gracieux et gigantesque, ces deux dernières parties sont si riches, si élégantes, si poétiques, qu'elles en fatiguent l'œil, ou que l'on en est comme extasié et ébloui. Elles sont ainsi par leurs longues galeries du bas et du haut, leurs colonnes, leurs balustrades, leurs corniches, leurs trophées, leurs statues, leurs clochers, leurs frontons, leurs pilastres, leurs hauts pavillons et leurs superbes dômes quadrangulaires. Tout cela, vu dans son ensemble et avec attention, est réellement beau, frappant et majestueux ; mais ce qui, ici, achève encore de captiver et de séduire, c'est le nombre énorme de statues en pierre qui ornent ces longues et riantes galeries, et représentent, comme hommes ou femmes, tous les grands artistes et les savants de la France.

Ces deux moitiés d'ailes qui rejoignent la façade extérieure et occidentale du Louvre qui leur ressemble, et forment un avant-corps sur la place du Carrousel, sont, bien sûr, moins imposantes et moins majestueuses que la belle colonnade extérieure et orientale du Louvre ; mais elles sont, en compensation, plus poétiques et plus gracieuses.

Le palais des Tuileries et celui du Louvre étant réunis par leurs deux ailes, ont, à l'extérieur, près de trois kilomètres de tour, ou trois quarts de lieue, et renferment trois vastes cours qui n'en font en réalité qu'une seule. Celle du couchant, appelée la cour de Tuileries, est renfermé par une longue grille dorée qui s'étend du midi au nord ; celle du levant appelée la cour du Louvre, est renfermée, elle, par les deux ailes intérieures du Louvre, et forme plusieurs jolis jardins; celle du milieu est celle où passent les voitures publiques, et où s'élève l'arc de triomphe du char de la Victoire. Rien, pour le coup d'œil, n'est plus beau que le centre de cette dernière cour, qui est la plus grande. C'est de là que l'on voit à son aise, tout le palais qui l'entoure, avec ses longues et hautes façades, ses grandes ailes, ses hauts pavillons, ses corniches, ses pilastres, ses élégantes balustrades, ses dômes, ses frontons décorés de personnages en relief ou détachés, ses galeries, ses statues, ses trophées et son drapeau national qui flotte, au gré des vents ou des zéphirs, sur le beau dôme des Tuileries. Ici, ou au milieu de l'ensemble de tous ces palais impériaux et artistiques qui environnent de toutes parts, tout est grandiose, frappant, luxueux, imposant et majestueux. Dans ce coup d'œil si riche, si varié, si agréable et si séduisant, le spectateur, pour peu qu'il ait de goût et d'appréciation, ne sait où en tourner la tête, il ne peut s'arracher de ces lieux, des beaux-arts, ou de leur magnificence et de leur gloire nationale.

Outre ce que nous venons de dire du palais des Tuileries et de celui du Louvre, il nous reste encore à parler des deux façades extérieures qui les joignent l'un à l'autre. Elles sont remarquables par leur excessive longueur et leur belle architecture. Les deux façades intérieures, surtout les deux parties orientales qui touchent au Louvre, ne le sont pas moins. La façade du nord, qui longe la belle rue de Rivoli, vient d'être achevée.

Quant à celle du midi, qui longe la Seine, elle ne peut pas être comparée à cette dernière, il s'en faut ; mais si, au-dehors, elle lui est inférieure ; elle lui est au-dedans, comme compensation, bien supérieure ; c'est ce que nous devons faire voir. Pour qu'elle soit ainsi, qu'est-elle donc ? Elle forme une seule salle, ayant près de quatre cents mètres de longueur sur neuf ou dix de largeur, et cette salle immense qui est éclairée, de distance en distance, par un beau jour de sa haute voûte sphérique et dorée, est garnie, à droite et à gauche et dans toute sa longueur, de tableaux, de colonnes, de statues en marbre, de glaces et de riches banquettes pour s'asseoir.

Quand, du côté de l'orient, on entre dans cette céleste demeure des Muses, et que l'on voit, tout d'un coup, et jusqu'au fond, sa longue voûte sphérique et dorée, ses riches sculptures, ses belles corniches, ses nombreuses colonnes détachées, ses hautes glaces, ses statues, ses banquettes veloutées et toute cette longue file de tableaux les plus rares et les plus magnifiques, on éprouve quelque chose qui pénètre et extasie ; on ne peut, surtout pour la première fois, se rendre compte de l'état de surprise, d'admiration et de ravissement dans lequel on se voit et on se trouve.

Tels sont, tant à l'extérieur qu'à l'intérieur, et dans tout leur ensemble, les vastes, les riches, les superbes et séduisants palais des Tuileries et du Loûvre, qui n'en forment, en réalité qu'un seul. Et ces deux palais, tels que nous venons de les peindre ou de les décrire, sont, assurément, après celui de Versailles, tout ce qu'il y a au monde, de plus vaste, de plus beau, de plus séduisant et de plus majestueux.

(Le Lecteur.)

3. Lecture en prose concernant un discours où l'on prouve que la religion est la mère de tous les biens, et l'irréligion celle de tous les maux.

Dans notre étude, à l'entrée dans la vie, du bonheur et de la perfection de la jeunesse, nous avons cherché à nous expliquer quelles sont les plus grandes qualités de l'homme, et les plus grands défauts. Or, nous avons reconnu, à cet égard, que les premières sont la religion, et les derniers, l'irréligion. En effet, tous ceux qui sont religieux, sont naturellement portés à faire le bien et à fuir le mal; tandis que tous ceux qui sont irréligieux, sont naturellement portés à faire le mal et à fuir le bien. On en a d'abord la preuve par l'histoire; puis, parce que l'on voit tous les jours : dans l'un comme dans l'autre cas, on ne manque pas d'exemples. Celui qui est religieux croit à Dieu, ainsi qu'aux punitions et aux récompenses divines, ou à une autre vie. C'est assez pour qu'il s'attache à faire le bien et à fuir le mal. Convaincu de renaître dans un lieu où il verra la Divinité, et où il sera, selon ses bonnes et ses mauvaises actions, récompensé ou puni, il sera porté, malgré lui, à être sage, juste, doux, bon et bienfaisant. Comme tel, il ne pourra pas du tout se décider à faire le mal, il ne fera toujours que le bien, parce qu'il y verra son avantage et sa félicité. Il n'en est pas de même de celui qui est irréligieux, car celui-là, comme ne croyant pas à Dieu, ne croit pas

non plus à une autre vie, ou aux punitions et aux récompenses divines. C'est aussi assez pour qu'il ne s'attache
point à faire le bien, mais plutôt le mal, surtout quand
il y voit son intérêt. Persuadé que tout finit en cette vie,
qu'il n'y en a pas une autre où il sera, selon ses bonnes
ou ses mauvaises actions, récompensé ou puni; à quoi
bon, en effet, lui sert-il d'être sage, juste, courageux
et humain? Il n'en voit pas du tout l'utilité, il ne saurait la voir. Aussi, dans cette conviction, agit-il en conséquence, fait-il toujours, toutes les fois qu'il y trouve
son avantage et qu'il le peut, le mal, de préférence au
bien. Dans cette fâcheuse disposition rien ne l'arrête;
il ment, trompe, fraude, vole, médit et assassine même
s'il le faut. Ainsi enclin, il fait tout selon l'occasion, il
tente tout pour satisfaire son ambition ou ses désirs.
Pour lui, que lui importe le mal qu'il commet? Qu'a-t-
il à craindre? Rien que la justice humaine. Mais celle-ci,
il peut la tromper, il le sait. Et, pourvu qu'il lui échappe,
c'est tout ce qu'il lui faut.

Voilà, d'une part, ce qu'est l'homme religieux; et
d'une autre part, ce qu'est l'homme irréligieux. Or, il
est facile de voir, par ce fait, que la religion est bien,
comme nous le disons, la source de tous les biens, et
l'irréligion, celle de tous les maux. De ceci, qu'en conclure? Que tous ceux qui sont religieux sont des êtres
intelligents, pensants et raisonnables, ou tels qu'ils doivent être; et que tous ceux qui sont irréligieux sont, au
contraire, des machines, des insensés ou des espèces
d'animaux.

(*Le Conducteur de la jeunesse.*)

13ᵉ Leçon.

Lecture en prose concernant la description de la vue du palais
de Versailles, et celle de ses jardins.

Par sa situation, son étendue, son élégance, sa
riche architecture, ses vastes et jolis jardins, ses beaux
points de vue, le château de Versailles est, assurément, superbe, admirable ou tout à fait séduisant,
poétique. Il est, par l'art et la nature, tout ce qu'il y
a de plus riche et de plus gracieux au monde. Situé sur
une éminence, il domine, au levant, au nord et au
midi, toute la ville, qui a de longues et larges avenues
tirées au cordeau, et garnies à droite et à gauche, de
rangées d'arbres qui lui correspondent de toutes parts,
ainsi que des rues pareilles. Tout ceci forme un contraste
parfait avec sa façade renfoncée, qui a deux longues
ailes, formant un avant-corps, et s'étendent du couchant au levant; puis sa grande place en pente douce,
qui est ornée de belles statues en marbre, et renfermée
par une jolie grille circulaire et dorée.

Ainsi, de ce côté, il est d'abord très-curieux à voir;
mais il ne l'est pas moins par ses belles écuries établies
dans la ville, qui lui font face, et par deux autres ailes
très-hautes et très-longues, qui s'étendent, l'une au
nord, l'autre au midi, et se rattachent aux deux autres
en formant un avant-corps sur la place.

Telle est sa partie orientale. Passons à sa partie occidentale. Cette dernière est, sous tous les rapports, plus
riche que la première. Elle présente, en son centre, un
avant-corps qui se prolonge du levant au couchant;

puis, deux longues ailes qui le joignent, et vont, l'une au nord, l'autre au midi. Toutes deux sont remarquables par leur étendue, leur riche architecture et leur élégance, de même que l'avant-corps auquel elles se rattachent, qui leur ressemble de tout en tout, ou est bâti sur leur modèle.

Au pied de ces belles façades est un parterre très-élevé, de niveau, sablé, plein de bassins, de jets d'eau, de fleurs, de statues de tout genre, en marbre, en bronze et en plomb. Au midi de ce parterre est une belle orangerie, dans laquelle on descend par deux perrons droits, d'une grande hauteur et d'une grande largeur. Au couchant, juste en face le milieu du palais, est une longue et large avenue où on descend par un escalier droit, fort élevé et excessivement large. Cette dernière offre un coup d'œil ravissant.

Ombragée, à droite et à gauche, par un bois de gros et de hauts maronniers; puis, ornée d'un grand nombre de statues en marbre, cette même avenue présente, à son extrémité occidentale, une jolie rivière factice, qui s'étend à perte de vue à travers des bois et des prairies, et est couverte de jolies nacelles de diverses couleurs. Au point central, on admire un vaste bassin d'eau, de forme ronde, entouré d'une vaste prairie, et au milieu duquel surnage le char de Neptune qui, monté dessus, sert de guide à quatre chevaux, suivis de gros dauphins et de divinités maritimes. A son extrémité orientale, on admire un autre grand bassin, également de forme ronde, entouré d'une vaste demi-lune sablée et en prairie, au milieu duquel s'élève, sur un trône, la belle statue de la reine des grenouilles, qui sont à ses pieds, se pressent en foule autour d'elle, et semblent lui rendre des hommages et chanter sa gloire.

Ainsi est cette longue et large avenue, dont on ne voit point de pareille. Elle est tout à fait belle, riche, élégante ; enfin, poétique.

Dans le bois, il y a encore, çà et là, sous l'ombrage des gros et hauts maronniers, une foule d'autres curiosités artistiques, telles que des cascades, des grottes, des ovales de colonnes en marbre, des citernes, de petites prairies, de petits bosquets et de petits bassins d'eau, de toutes les formes et de tous les genres. Tout ceci, à l'état de repos, est déjà bien beau et bien merveilleux ; mais c'est bien autre chose quand, à l'état d'activité, c'est animé par les eaux qui s'élancent, de toutes parts avec envie et impétuosité, et sortent, de cette façon, et avec bruit et fracas des nombreux et riants bassins qui les renferment. En ce bel et admirable état, quel tableau magnifique elles présentent ! Quel agréable et ravissant spectacle !.... Avec quel plaisir on les voit se précipiter en grosses nappes et avec violence, du haut en bas, ou remonter en l'air sous mille formes ! Ici, elles font entendre un doux murmure ; là, un bruit épouvantable ; plus loin, elles descendent vite ou lentement de bassins en bassins, et inondent d'écume et de petites gouttes tous les objets situés sous leur chute. Dans certains animaux et dans quelques statues, elles s'élancent vivement par la bouche, les yeux, les oreilles, les narines et les doigts. Ailleurs, elles sortent plus doucement, ou d'une fleur, ou d'une gerbe de blé, ou d'une

6.

plante aquatique. Enfin, partout, soit dans le bois, les avenues, les jardins, les prairies, les bosquets et le parterre, elles jaillissent, coulent, descendent, remontent, s'élancent et retombent sous toutes les formes les plus variées, les plus surprenantes, les plus gracieuses et les plus agréables!

Tous ces jets d'eau, quels qu'ils soient, sont beaux à voir! mais c'est surtout la grande cascade, l'ovale entouré de colonnes en marbre et couronné d'une belle corniche, le bassin du char de Neptune et celui de Léda ou de la reine des grenouilles; puis, enfin, celui que l'on appelle la grande pièce d'eau, où l'on a représenté le dieu des mers avec son trident, et tous les dieux marins auxquels il commande. Ce dernier bassin est vaste et décoré d'une foule d'animaux et de personnages mythologiques, en plomb. Lorsque toutes ces eaux jouent, elles sortent par tant de jets, elles s'élèvent si rapidement et si haut, et produisent un tel bruit, que l'effet qui en résulte est merveilleux, séduisant, plein de charmes, ravissant et indescriptible. Un pareil travail est un véritable chef-d'œuvre de l'art, il surpasse de beaucoup celui de la nature. Pour s'en faire une petite idée, il faut le voir, on ne le peut autrement.

Telle est, en général, la vue extérieure du palais de Versailles et celle de ses immenses jardins. On voit que l'une et l'autre sont dignes d'être appréciées et admirées.

(*Le Lecteur.*)

Lecture en prose concernant un discours où l'on prouve que, sans
la croyance aux récompenses et aux punitions divines il n'y a
pas de justice et de vertu possibles.

« Dieu nous a créés avec deux espèces d'idées, dont
les unes nous portent au bien, les autres au mal; mais
il nous fait comprendre, par notre intelligence, que si
nous suivons les premières, il nous récompense, et nous
punit, si nous préférons les dernières. Et, par là, il nous
force à voir qu'il nous a créés d'une nature excellente,
ou qu'il ne pouvait nous en donner une meilleure. Néanmoins c'est, nous en sommes sûr, ce que tous les
hommes ignorent; et cette ignorance est ce qui cause
leur malheur et celui des autres. Bien certain de cette
vérité, nous allons nous permettre d'en dire quelques
mots; à cet effet, que l'on veuille bien nous entendre,
parce que cela mérite fortement l'attention.

Si nous étions créés parfaits nous n'aurions pas de
mérite à faire le bien ou à être vertueux; comme si
nous étions créés imparfaits nous ne serions pas non
plus coupables de faire le mal ou de nous dégrader,
puisque ce serait notre nature. Dieu, par son intelligence et sa puissance infinies a prévu tout cela, et c'est
sans doute pourquoi il nous a produits tels que nous
sommes, c'est-à-dire, avec la connaissance du bien et
du mal, et la liberté et la possibilité de faire, à notre
choix, l'un ou l'autre; mais en y attachant, comme
nous venons de le dire, l'idée de récompense ou de
punition, et en la gravant dans notre conscience. Et
cette idée est, assurément, la plus grande et la plus

admirable que puisse posséder un être intelligent, pensant et libre, parce qu'elle le met en état de pouvoir se perfectionner lui-même ou de se corrompre. Et c'est, nous le répétons encore, la nature la plus excellente et la plus désirable que pouvait concevoir et nous donner le Créateur. Ainsi, pour nous créer tels, il fallait, d'une part, la récompense pour nous élever et nous exciter à la vertu ; et, d'une autre part, la punition pour nous soustraire au mal, nous empêcher de dégrader notre être ou de tomber dans la bassesse, le remords et la souffrance la plus cruelle. N'en est-il pas déjà de même en ce monde? N'est-ce pas aussi par l'idée de récompense et de punition que nous agissons avec grandeur et noblesse? ou que nous résistons à tous nos mauvais désirs? à toutes nos passions funestes aux autres?

Si l'ouvrier travaille fort, si, parfois, il s'expose même à périr, n'est-ce pas personnellement pour lui qu'il agit? N'est-ce pas pour en recevoir la récompense personnelle? ou pour augmenter sa fortune ou son bien-être?.... Si, c'est pour cela, car autrement il ne le ferait pas ou ne s'épuiserait point à travailler au-delà de son goût et de ses forces, même à périr. Pareillement, si le malfaiteur recule devant le vol ou le crime, s'il hésite à prendre une bourse ou à frapper de mort son semblable, ce n'est pas parce qu'il n'en a point le désir et le courage, c'est seulement parce qu'il craint la justice humaine, ou qu'il a peur qu'on l'emprisonne ou lui tranche la tête.

Ainsi, voilà ce qui encourage le premier à être juste et bon et empêche le dernier de voler ou de tuer. Que nous faut-il de plus pour nous faire concevoir ce que nous venons de dire ? Rien de plus, car tout est prouvé par là.

(Le Conducteur de la jeunesse.)

14e Leçon.

Lecture en prose concernant la description de la vue intérieure du palais de Versailles.

Bien qu'à cinq lieues de Paris et dans une petite ville, le palais de Versailles fut destiné, dès son origine, à être une résidence royale, ou à renfermer un trône, et un trône resplendissant de gloire et de beauté. A peine fut-il achevé que son jeune fondateur y transporta sa cour et son gouvernement. Alors toute la grandeur de Paris passa à Versailles, toute la cour s'y rendit. Et bientôt son palais devint un palais enchanté, ou le séjour le plus désiré, le plus délicieux et le plus agréable du monde. Là, dans de vastes et riches appartements, dans tout ce que l'art pouvait fournir de plus beau et de plus séduisant, on ne voyait, tous les jours, que fêtes et réjouissances, que réceptions de princes, de rois, de diplomates, d'ambassadeurs, de pontifes, de savants et d'artistes de tout genre. C'était un plaisir toujours nouveau et toujours varié. Cet état de choses dura presque cent ans, ou jusqu'à l'époque de la grande révolution française. Mais à partir de ce moment le palais de Versailles ne fut plus rien pour les plaisirs royaux, parce qu'alors les rois furent forcés de l'abandonner pour retourner à Paris, et leur absence lui ôta toute sa splendeur, sa magnificence et sa gaieté. Il resta ainsi pendant cinquante ans, où ne recevant, dans tout cet intervalle, que la visite des curieux et des étrangers qui tenaient à le voir. Mais depuis peu il a repris son premier éclat, non comme demeure des rois, mais comme demeure ordinaire des Muses, car il est maintenant leur séjour favori ou leur rendez-vous le plus envié et le plus cher.

Dans ce beau et vaste palais, plus convenable à des dieux qu'à des mortels, que voit-on de toutes parts? Des statues et des tableaux; tous les appartements en sont pleins. On admire avec plaisir et surprise toutes les salles et les chambres qui les contiennent, ainsi que leurs plafonds, leurs parquets, leurs corniches, leurs lambris dorés, leurs colonnes en marbre et en pierre, leurs peintures, leurs sculptures et leurs larges escaliers. On ne peut pas décrire toutes ces beautés et ces richesses de l'art, ce serait trop long. Ah! quel beau spectacle offrent, de toutes parts, les appartements, les statues, les tableaux, les peintures et les sculptures qui exigent au moins sept à huit jours pour être bien vus et bien appréciés. La grande salle de réception, celle des tableaux, la chambre à coucher de Louis XIV et la chapelle, méritent, seules, une mention spéciale.

La grande salle de réception, appelée le salon d'Apollon, est très-large, et d'une longueur immense. Située au milieu du palais, formant l'avant-corps et au premier étage, elle s'étend du nord au midi. Avec un beau jardin de ces deux côtés et un plus beau encore au couchant, elle domine particulièrement le jardin qui l'entoure, et la belle avenue qui, lui faisant face, se prolonge à perte de vue, et où l'on voit, à son extrémité et dans toute sa longueur, la rivière factice qui l'embellit, ainsi que les bassins du char de Pluton et de la statue de Latone ou de la reine des grenouilles. Cette large et longue salle est ornée d'un beau plafond, d'un joli parquet, de grandes fenêtres, de peintures, de sculptures, de gracieuses corniches, de lambris dorés, de riches siéges, de magnifiques tableaux, de colonnes et de glaces que Louis XIV, en grande pompe, montrait avec orgueil et fierté aux grands seigneurs qui venaient à sa cour. C'est là, aux beaux jours de sa fortune et de sa gloire, qu'il étalait et goûtait tant son faste royal.

Là, par une belle soirée de printemps ou d'automne, qu'une telle réception royale devait être douce et agréable ! Qu'avec plaisir on devait parcourir, d'un seul coup-d'œil, cette longue et large salle ! Que d'émotions on éprouvait à contempler et à apprécier toutes les magnificences et les superbes tableaux qu'elle contenait !

Ainsi est la grande salle de réception, appelée le salon d'Apollon, où Louis XIV recevait tous les hauts personnages qui fréquentaient ou visitaient sa cour.

La grande salle des tableaux occupe l'aile droite ; elle est longue et large et s'étend du midi au nord. Eclairée par le beau jour d'une voûte sphérique à vitrage, elle contient, en grands tableaux, les principales batailles de l'armée française, mais particulièrement celles de l'empereur Napoléon Ier. Peint d'après nature et selon les circonstances ou les sentiments où il se trouve, on le voit, ou pensif, ou calme, ou violent, ou contrarié, ou satisfait. Tel, et par les peintres les plus habiles, est représenté, dans ses époques remarquables, ce fameux conquérant qui a vaincu et gouverné l'Europe, et fit commencer un grand nombre de beaux et utiles monuments sans pouvoir les faire achever. Elevé sur le trône par le peuple, il en fut précipité, après dix ans de règne, par presque tous les rois et les empereurs d'Europe ligués contre lui.

Ce que, chez ce rare monarque, il y a de remarquable ou qui frappe, c'est qu'il est né dans une île, l'île de Corse, et mort dans une île, l'île de Sainte-Hélène, où il fut envoyé prisonnier. Ainsi tombe la grandeur humaine, exemple frappant de notre fragilité !

La chambre à coucher de Louis XIV se trouve comme la salle de réception et celle des batailles, au premier étage, et au levant du palais. Située au milieu et sous le fronton où est l'horloge, elle est de forme presque carrée et très-claire. Avec ce beau jour, elle a une vue magnifique, donnant sur la ville et les écuries du palais, qui sont dans un fond, puis sur une vaste cour en pente douce, ornée d'un grand nombre de statues en marbre et en bronze, cette dernière est renfermée, au nord et au midi, par deux longues ailes qui s'étendent du couchant au levant, et par une superbe grille dorée qui la sépare de la ville, de la place d'armes et des écuries qui lui font face.

De ce côté, la chambre à coucher de Louis XIV est donc déjà, on le voit, très-belle par son entourage extérieur; elle ne l'est pas moins dans son intérieur, par ses peintures et ses sculptures, son architecture et son ameublement. On y remarque d'abord le lit où couchait le fier monarque, la balustrade en or qui l'entoure, puis, le superbe plafond, le parquet, la tapisserie, les meubles, les cheminées, les glaces et les siéges dorés. Et, enfin, le trône du roi, orné des armes et de la couronne de France, que soutiennent deux renommées en or. Cette chambre, soit par sa belle vue, soit par sa propre beauté, est admirable. Telle est la chambre à coucher de Louis XIV.

Dans l'aile du nord et au couchant, est, au rez-de-chaussée, une grande salle carrée donnant sur le jardin et décorée au milieu de six colonnes qui supportent le plafond et reposent sur un joli dallage en marbre. Cette chambre a aussi pour ornement, et en relief, la statue de Louis XIV. Au levant, elle montre une porte d'une grande richesse, ou toute incrustée d'or. Par cette porte on se rend à la chapelle, sanctuaire magnifique où éclatent, de toutes parts, l'or, l'argent et le marbre. A l'orient, un splendide autel est entouré de quatre belles colonnes torses, en marbre de jaspe, supportant une superbe couronne d'or, soutenue par quatre jolies guirlandes courbées. Une élégante tribune entoure la chapelle. Elle est supportée par une longue colonnade en marbre et couronnée d'une riche corniche. Elle offre une riante balustrade en or. C'est au fond de cette pompeuse galerie et au milieu que se placent, pour adorer l'Eternel, l'empereur, l'impératrice et leur suite.

Ce qui, dans ce magnifique monument divin, étonne et frappe d'admiration, c'est sa haute voûte sphérique, ses corniches, ses tableaux, ses peintures, ses sculptures, ses statues, ses vitrages coloriés et le beau jour qui l'éclaire. Tout cela offre, en vérité, quelque chose de grand, de majestueux, d'imposant, de céleste. Ne faut-il pas, assurément, que le maître de l'univers ait la plus belle habitation ou le plus beau palais qu'il soit possible de concevoir et de faire? Oui, sans doute, il le faut, et c'est sans doute aussi ce que comprit le monarque qui fit construire, avec tant de goût, la chapelle où il allait prier et adorer l'Eternel, et entendre, de la bouche de bons orateurs, la parole qui immortalise la vie et anéantit la mort.

Les beaux sanctuaires pénètrent et élèvent l'âme, ils font naître et développer les sentiments religieux, et, par là, ils rendent la Divinité plus grande et plus sensible. Quand on se voit dans de pareilles demeures, on croit être en présence du Dieu que l'on adore, on se sent comme électrisé de sa vue. Et cette idée est douce et heureuse. Tous les souverains qui l'ont sont naturellement portés à travailler au bonheur général des peuples ou à les gouverner avec simplicité, amour, bonté et justice.

Louis XIV montra, dans le cours de son règne, du courage, de la grandeur et de l'humanité, et il est présumable que la religion à laquelle il croyait y fut pour beaucoup et qu'elle y contribua peut-être autant que l'idée d'une vaine gloire. Où il n'y a pas de religion ou de croyance aux punitions et aux récompenses divines, peut-il y avoir de la grandeur, de l'humanité, du dévouement et le désir de faire le bien? Non, c'est impossible, aussi impossible que de monter au ciel.

La chapelle dont nous venons de décrire l'intérieur

est encore fort remarquable par son extérieur. Elle l'est surtout par sa hauteur, qui surpasse de beaucoup celle du palais dont elle fait partie, de même que par son architecture, ses sculptures, l'élégance de ses formes, ses belles proportions et les statues qui l'ornent de tous côtés. Telles sont la richesse et la splendeur de cette espèce de temple royal.

(*Le Lecteur.*)

15ᵉ Leçon.

Lecture en prose concernant un discours où l'on prouve que c'est la religion qui développe le plus l'intelligence et forme le mieux le jugement.

Quand nous avons une fois compris la beauté et l'utilité de la religion, nous y pensons toujours, nous ne pouvons nous en empêcher, parce que nous voyons, de plus en plus, qu'elle est ce qu'il y a de mieux, de plus grand et de plus favorable à notre bien être. Persuadés de cette vérité, nous nous appliquons à étudier les merveilles de la nature, à les admirer. Et cette étude et cette admiration éveillent nos idées, développent notre intelligence. Et par là, elles nous portent à comprendre l'ensemble et le détail de l'univers, ou à voir qu'il n'y a qu'un être créateur, tout-puissant et incréé qui ait pu concevoir et produire une telle œuvre.

A partir de ce moment, nous pensons toujours, nous n'avons plus de repos. Tels, nous allons de la terre aux cieux et des cieux à la terre. Pour mieux dire, nous examinons tout avec ardeur et curiosité. Mais ce qui, dans cet examen général et continuel, nous occupe et nous frappe le plus, c'est Dieu; parce que nous comprenons qu'il est l'objet principal de tout ce qui nous affecte, ou que tout émane de lui et s'y rattache par un lien universel et sans fin.

Voici, assurément, ce qui contribue beaucoup à nous développer l'intelligence ou à nous l'étendre dans tous les sens et autant qu'elle peut l'être.

C'est certain que celui qui, après avoir pris connaissance des choses de ce monde, s'élève ensuite par la contemplation aux choses célestes, ou vit, par la pensée, avec des êtres supérieurs à lui, d'une nature divine, a plus d'idées et de plus nobles, que celui qui ne voit que la matière, ne connaît que le néant de son âme ou n'admet point une autre vie.

Ainsi, tout bien pesé et bien examiné, la religion est, de toutes les connaissances, celle qui développe le plus l'intelligence et forme le plus le jugement.

Ce qui nous rend religieux n'est pas toujours ce que l'on nous dit de la religion ou ce que nous lisons, c'est plutôt ce que nous voyons par nous-mêmes ou par le développement complet de notre intelligence. Quand celle-ci est une fois bien développée, autant qu'elle peut l'être, nous sommes forcés de croire, malgré nous, à un Dieu créateur et incréé, à des punitions et à des récompenses divines. Nous sommes forcés d'y croire, disons-nous, en voyant toutes les merveilles de la nature, en comprenant que tout part d'une source unique et que tout s'y rattache par une chaîne générale des êtres ou par un lien continu et indissoluble qui les lie tous les uns aux autres.

A peine avons-nous porté un coup-d'œil sur l'ensemble et le détail de l'univers, que nous y voyons toujours Dieu partout, ou que nous ne pouvons y faire un pas sans le rencontrer, soit dans les choses les plus grandes, soit dans les plus petites. Et cette idée qui nous le montre ainsi partout est ce qui nous attache à lui et nous rend religieux.

Ceux qui n'ont pas d'intelligence sont toujours dans l'indifférence et l'inaction; ils ne s'occupent de rien, rien ne captive leur esprit. Pour eux, boire et manger est tout ce qu'il leur faut; en cela, ils sont presque pareils aux animaux : et de tels gens, nous le demandons, peuvent-ils être religieux?... Non. Il n'en est pas ainsi de ceux qui ont de l'intelligence, car ceux-là examinent attentivement tout ce qui frappe leurs regards et leur esprit, ils ne restent indifférents à rien, tout les occupe; parce qu'ils sont curieux de tout connaître, afin d'en tirer le meilleur parti possible ou le plus sage. Et, par là, ils vont des effets aux causes, et des causes aux effets. C'est ainsi que, marchant toujours du connu à l'inconnu, désirant toujours s'instruire de plus en plus, ils finissent, à la fin, par reconnaître un être créateur et incréé ou par sentir le besoin de se rattacher à lui, d'avoir une religion.

De tout ceci qu'en penser? Que les hommes les plus intelligents sont ceux qui sont les plus religieux, parce qu'ils comprennent que c'est tout ce qu'ils ont de mieux à faire, ou qu'il n'y a pas de bonheur possible sans connaître Dieu, sans l'aimer, sans l'adorer, sans croire à ses punitions et à ses récompenses divines.

(*Le Conducteur de la jeunesse.*)

Lecture en prose concernant le règne, les qualités et les défauts
de Louis XIV.

Maintenant que nous avons décrit la magnificence
extérieure et intérieure du palais de Versailles, parlons de celui qui l'a fait construire, et, en peu de
mots, rappelons ses qualités et ses défauts.

Qu'était-ce que ce roi? C'était un homme qui ne
reçut pas toute l'instruction nécessaire pour gouverner
une grande nation, mais qui, bien que privé de ce précieux avantage, avait néanmoins de l'esprit naturel,
du jugement et une haute idée de la mission de la
royauté. Il le prouva en s'appliquant aussitôt qu'il le
put, à faire fleurir dans toute la France, le commerce,
l'industrie, les arts, les sciences, la justice, les lettres,
l'éloquence, la morale et la religion. Pareil, en cela, à
un géant, on le vit, dès l'âge de vingt-deux ans, propre
aux plus grandes choses, et les accomplir avec goût,
courage, honneur et succès.

Ainsi qu'aux beaux jours du printemps, le soleil force
toute la nature à sortir du sommeil de l'hiver, à renaître, à se parer de toutes ses richesses, à briller de tout
son éclat, de même, du haut de son trône, Louis XIV fit
briller, au sein de la France, les arts, les sciences, le
commerce, la richesse, le luxe, la politesse, le bon
goût, les lettres, l'éloquence, la morale et la religion.

Tout en soutenant des guerres glorieuses qu'il diri-
geait en personne, ce monarque fit construire des monuments majestueux et utiles, et exécuter des travaux grandioses de tout genre, tels que le palais de

Versailles, la colonnade du Louvre, l'Observatoire, l'hôtel des Invalides militaires, les portes Saint-Martin et Saint-Denis, les beaux et longs boulevards, les châteaux de Meudon et de Saint-Cloud, ainsi qu'une infinité de forteresses, de canaux, de ponts, de routes, de fabriques, d'usines et de ports de mer. Si on ajoute à cela, que, dans les arts, les sciences, les lettres, la guerre, la marine, l'éloquence, la politique, la morale et la religion, il protégea et encouragea tous les hommes célèbres, tels que : Colbert, Louvois, Turenne, Condé, Vauban, Perrault, Mansart, Duquesne, Lulli, Lebrun, Boileau, Racine, Bossuet, Fénélon, etc.; on aura de tout ceci réuni, le tableau le plus complet, le plus riche, le plus rare et le plus parfait de tous les règnes du monde.

Louis XIV, par un talent particulier, apprécia les hommes de mérite, les encouragea par ses récompenses, et les attira à sa cour. A vingt ans, il brûla du désir de gouverner lui-même son royaume. Jetant, à cet effet, un coup d'œil attentif sur la France et sur l'Europe ; voyant que toutes ces nations étaient mal gouvernées et peu civilisées, ou que tout demandait de grandes améliorations, il résolut d'en tenter l'entreprise, et il y réussit.

Dans cette noble et belle vue, il commença d'abord par se montrer doux, poli, populaire, généreux, affable et désireux de faire le bien ; puis, il rechercha et attira, auprès de lui, les hommes les plus capables, les mieux intentionnés, et dans tous les rangs, sans avoir nul égard pour la naissance et la fortune. Fier et satisfait de se voir ainsi parmi eux, ce jeune souverain les consultait avec plaisir et complaisance, les encouragéa, les récompensa, les honora et les estima selon leur mé- rite. C'était un moyen sûr pour bien commencer à gou- verner, ou se faire de solides appuis. Tel, il se fit de suite aimer et admirer ; car partout on ne parla bientôt plus que de son esprit judicieux et clairvoyant. Avec cet abord si facile et si profitable, tous ceux qui l'ap- prochaient, éprouvaient du plaisir à le voir, à l'entendre, à le servir, à lui plaire, à seconder ses intentions et ses vœux, ou à se montrer dignes de sa bienveillance, de sa confiance, de son estime et de ses bienfaits.

C'est en favorisant ainsi les sciences, les arts, les lettres, le commerce, l'industrie, l'agriculture, l'élo- quence, la morale, la religion, etc., qu'il renouvela, en France, les beaux siècles de la Grèce et de Rome, ou les règnes brillants et glorieux de Périclès, d'Alexan- dre, de César et d'Auguste ; il les surpassa même.

Nous le savons, le roi qui nous occupe n'était pas un génie, loin de là, car tout ce qu'il entreprit et fit, il le dut plutôt à ceux qui l'entouraient qu'à lui-même ; mais si, pour bien des choses, il leur était inférieur, il sut, du moins, les comprendre et les seconder de son pou- voir. Et ceci, il faut lui rendre justice, parle en sa fa- veur ou fait son éloge.

Une cour trop pompeuse, un goût trop prononcé pour les plaisirs, le faste, les fêtes publiques, les spectacles, la guerre, le despotisme, et les revenus de l'Etat employés follement pour sa propre satisfaction, ou pour faire construire, à grands frais, de beaux monuments inutiles, voilà ce que l'on reproche à Louis XIV ; et ces reproches, nous en convenons, sont justes, car on ne peut le nier. Ainsi, ce roi dont nous venons de louer les actes et de peindre la gloire, n'a donc pas, malgré ses nobles intentions, toujours bien agi. Mais quoique monarque, il était homme; et tout homme, on le sait, quel qu'il soit, porte toujours en lui l'erreur et l'imperfection humaine.

(*Le Lecteur.*)

16e Leçon.

Lecture en prose concernant un discours où l'on fait voir que la religion est la plus belle et la plus utile des connaissances.

Nous ne vivons point dans le passé, qui ne revient plus; même peu dans le présent, puisqu'il finit de suite; nous ne vivons, en réalité, que dans l'avenir, parce qu'il est la véritable vie. Inquiets, dans ce cas, de savoir comment il sera en toutes choses, nous le poursuivons toujours, sans relâche, nous ne pouvons nous en empêcher.

« Que ferai-je ce soir? demain? nous demandons-nous sans cesse à nous-mêmes, que m'arrivera-t-il? Serai-je heureux ou malheureux? Pleurerai-je? Chanterai-je? »

Ainsi nous parlons-nous toute la vie, ou jusqu'au moment où nous sommes près de la quitter éternellement, où elle nous échappe tout à fait. Et lorsqu'il est arrivé, ce moment, nous examinons sérieusement ce que nous avons dit et fait; et, en l'examinant, nous pensons à un autre avenir, nous le voyons qui s'approche à grands pas, et nous effraie, car nous ne pouvons pas savoir ce qu'il sera. Pareils, en cette idée, au navigateur qui a encore un pied sur le rivage et l'autre

7

dans la barque, nous attendons, non sans quelque crainte, qu'un coup de vent nous emporte dans les mondes inconnus. Et c'est alors qu'une pensée froide et silencieuse s'éveille en nous, et nous retrace, d'un seul coup d'œil, tout ce que nous avons vu, fait et dit, et que nous pouvons, et pour la dernière fois, nous écrier :

« Adieu terre! Adieu mortels!... Hélas! cette fois, c'en est fait de nous, et pour toujours, éternellement. »

C'est ainsi, pour le coup, que nous pensons, et malgré nous à une vie future, ou que nous comprenons notre faiblesse et notre néant ici-bas, et sentons le besoin de revivre et de nous revoir ailleurs. Mais si, comme nous devons le croire, nous revivons et nous revoyons ailleurs, où sera-ce? en quel lieu? Dans un monde éternel, sans doute, et en présence de la Divinité, et où nous trouverons tous, selon nos bonnes ou nos mauvaises actions, la récompense de nos vertus et la juste punition de nos méfaits et de nos crimes. Et cette idée est la plus grande et la plus utile que puisse avoir l'homme, ou la plus sublime, la plus salutaire, la plus désirable et la plus heureuse. Avec elle, il supporte tout avec patience et courage, rien ne l'attriste ni ne l'effraie ; tandis que sans elle il est privé et dénué de tout, livré à lui-même, faible, souffrant, triste et à plaindre. Et, exister ainsi, c'est pour lui la plus fâcheuse, la plus pénible, la plus douloureuse et la plus détestable des existences.

D'après cela, que doit-on conclure, que la religion est, comme nous l'avons déjà dit, la plus belle et la plus utile des connaissances, ou qu'aucune, quelle qu'elle soit, ne peut lui être comparée. Si nous n'en avions pas, nous serions réellement à plaindre : pauvres, nous ne pourrions supporter nos misères et nos douleurs excessives ; riches, nous n'aurions aucun goût et aucun intérêt à faire et à aimer le bien, à conserver notre fortune et à nous perfectionner dans la sagesse, la justice, la bonté et la vertu. Puisque tout ceci serait perdu pour nous, ou qu'il ne nous en resterait pas plus d'une façon que de l'autre; à quoi bon, en effet, nous servirait de nous en casser la tête? A rien assurément. Que cette position, quand on y pense, diffère de la première ! que celui qui est religieux ou croyant a d'avantages sur celui qui ne l'est pas ! et ces avantages si beaux, si utiles et si désirables, qu'est-ce qui les lui donne? C'est l'espoir, on le voit, de renaître en une autre vie, et d'y trouver, le jour où il y entrera, la récompense ou la punition. Lorsqu'il arrive, ce jour, et que l'heure du bonheur ou du malheur sonne, le juste est satisfait et joyeux, parce qu'il entrevoit et attend un bien-être pur et céleste, ou qui ne finit point; tandis que le méchant est tremblant et plein d'épouvante, car il n'entrevoit et n'attend, lui, que des châtiments horribles et effrayants, ou que des remords et des souffrances sans fin.

A ce dernier qui, par les mauvais exemples ou par une ignorance volontaire et coupable, par conséquent, s'est perdu par sa faute, nous devons lui dire, afin qu'il n'en soit point surpris, pour le frapper d'avance, ainsi qu'à ceux de son genre :

« O vous tous, dont les mains impures sont pleines de fraudes et de rapines, et la conscience tachée de gouttes de sang, ce sera alors que vous payerez cher vos injustices et vos mauvaises actions de tout genre, car ce sera le moment où vous comparaîtrez devant le grand juge, ou que vous affronterez son regard terrible et foudroyant. Là, devant ce juge suprême sans rappel et sans pitié ; là, au pied de ce tribunal divin ; là, nus, pâles, abattus et dévorés de remords, vous tremblerez et gémirez de toutes vos forces ; vous tremblerez et gémirez comme le criminel condamné à mort, tremble et gémit sous le fer fatal prêt à lui trancher la tête. Oui, comme ce scélérat, cet être immonde, vous tremblerez et gémirez de toutes vos forces, mais avec cette différence qu'il ne tremblé, lui, qu'un instant, une minute ; tandis que vous, méchants, perfides, monstres, vous gémirez toujours, ou sans aucun espoir d'en voir la fin, la dernière heure ; et au milieu des tourments les plus noirs, les plus douleureux ! Et si vous vous verrez ainsi condamnés à pleurer toujours, éternellement, ce sera bien fait et bien mérité pour vous, pour vous qui l'aurez cherché et trouvé, et par votre refus stupide et obstiné à la lumière, par votre ignorance volontaire et coupable ! »

(Le Conducteur de la jeunesse.)

Lecture en prose concernant la description du ruisseau et de la cascade factice du bois de Boulogne.

L'homme ne sait pas seulement bâtir des villes, élever des palais, faire marcher les voitures et les navires par la vapeur, mesurer les astres et leur distance entre eux, calculer leur marche périodique et lancer la foudre par des machines de bronze ; car il sait encore, outre tout cela, imiter les œuvres de la nature animée, même les surpasser quelquefois en beauté et en élégance. Si on veut se convaincre de cette vérité, si on désire voir ce que peut son génie créatif et imitatif, ou ce dont il est capable, il faut aller se promener au bois de Boulogne, et surtout au printemps, aux mois de mai et de juin, ou à l'époque où la nature étale avec profusion, toutes ses grâces et tous ses charmes.

Une fois parvenu au milieu de ce superbe bois, on éprouve d'abord un grand plaisir à contempler, de tous côtés, ses lacs, ses rivières, ses îles, ses ponts qui vont de l'une à l'autre, ses cascades, ses nacelles, ses arbres de toutes espèces, ses cafés, ses plantes de tous les pays du monde, ses parcs de toutes les formes, les animaux sauvages qu'ils renferment, ses longues et larges avenues allant dans tous les sens, étant droites ou tortueuses, et entrecoupées de mille petits sentiers aussi droits ou tortueux. Tout ceci, bien examiné et bien apprécié, est déjà, assurément, surprenant et admirable ; mais ce qui l'est encore plus, ce qui achève le plus de surprendre, de captiver l'œil attentif et satisfait, c'est un petit ruisseau factice qui commence au nord de la rivière factive, et sort, en bouillonnant, du creu d'un rocher artificiel, puis roule de suite, avec beaucoup de grâces et de détours, ses eaux propres et limpides.

Dès ses premiers pas, cet agréable et magnifique ruisseau se dirige d'abord au couchant, où la pente l'appelle ; puis, à une certaine distance, au midi, en

suite au couchant encore, où l'appelle une nouvelle pente. Dans tout son parcours qui est environ d'une
demi-lieue ou de deux kilomètres, il offre la promenade
la plus vagabonde et la plus pittoresque que l'on puisse
voir et imaginer. Dans cette course admirable et poétique que l'on ne peut bien décrire, il prend tous les
détours possible, ou toutes les formes les plus sédui-
santes et les plus gracieuses. Pour mieux dire, par
endroits, il va et revient sur lui-même, semble se
plaire à parcourir ses lieux chéris et enchantés, ne pouvoir les quitter. Ici, il passe doucement sous quelques
rochers entrelacés avec art, formant de petits ponts
aux formes élégantes; un peu plus loin, il se sépare en
plusieurs branches, et forme de petites îles où sont des
grottes et des bancs de fonte et de gazons pour se reposer.

Dans toute cette promenade qui captive et attire la
vue de l'appréciateur, ce ruban de cristal et de délices
coule toujours à fleur de terre, sous de vieux et de jeunes
chênes qui l'ombragent, et accompagné, à droite et à
gauche, de petits sentiers unis, réguliers dans leur largeur, bordés d'herbes, de rosiers, de fleurs champê-
tres, de violettes, et garnis, de distance en distance, de
bancs de gazons, ou de bancs de branches entrelacées.

Lorsque ce petit fleuve des Muses a parcouru de la
sorte les deux tiers de sa longueur, il forme bientôt
des écluses et des cascades ; parmi quelques-unes de
ces dernières, il se précipite quelquefois en gros bouillons; parmi d'autres, il se précipite par nappes, et va à
toutes, tantôt en dormant, tantôt en courant. Il se pro-

mène ainsi jusqu'au moment où il achève sa promenade ; là, il entre avec fierté et vigueur dans un beau et vaste lac qu'il forme, portant quelques nacelles très-légères, et quelques canots de sauvages, faits d'un seul tronc d'arbre.

Le lac formé de ce ruisseau est ombragé, de tous côtés, par de hauts chênes, et terminé, au couchant, par une espèce de polygone assez élevé, couvert d'arbres et de rochers détachés, puis sillonné de petits chemins tortueux par lesquels on y monte ou on en descend. Une fois parvenu au sommet, on porte d'abord les yeux sur le lac qui est à ses pieds, et sur ses rives en pentes douces formant des prairies. Après l'avoir considéré quelque peu, on les reporte ensuite du côté opposé, au couchant, ou sur une colline d'une demi-lieue de longueur, de deux au trois cents mètres de hauteur, et au pied de laquelle coule lentement la Seine, et presque en ligne droite.

Cette colline, qui n'est guère qu'à un kilomètre de là, et toute couverte de vignes, d'arbres fruitiers, de champs de rosiers et de villages, est surtout remarquable par le mont Valérien, qui s'élève majestueusement vers le milieu, domine Paris et ses environs, et est couronné d'un fort imprenable et de jolies casernes. En abaissant la vue de ce mont, on la reporte sur des prairies renfermées entre la Seine et le lieu où l'on est. Ce dernier coup d'œil donné, on se dispose enfin à voir la merveille que l'on a sous les pieds, ou les eaux du lac qui traversent le polygogne, sortant impétueusement à travers une masse de gros rochers moussus, et se précipitant, de là, par d'épaisses et larges nappes et avec un bruit épouvantable, dans un vaste et profond bassin qui les reçoit.

Pour bien voir l'effet de ces eaux et la beauté de la cascade qu'elles forment, il ne faut pas rester sur le sommet du polygogne, il faut descendre dans le bassin, et à quelques pas de distance. Là, immobile et attentif, on a, en face de soi, ou à l'orient, le plus beau point de vue que puisse offrir la nature, ou que l'on puisse se figurer. Que voit-on d'abord ? Une montagne de cent pieds de haut, ombragée de toutes sortes d'arbres, présentant des masses de rochers de toutes les formes, entrelacés les uns dans les autres, paraissant se détacher de la montagne où ils sont suspendus en forme de berceau, et au travers desquels sort et se précipite, de tous côtés, un volume énorme d'eau argentée qui écume et bouillonne, tombe par grosses nappes, et avec bruit, dans le vaste et profond bassin qui la reçoit, et dans lequel sont, pour compléter l'admiration du spectateur, des canards, des cygnes, des poissons, des nacelles et de petits canots de sauvages, d'un seul tronc d'arbre et bien sculptés.

Ce qui rend surtout cette cascade magnifique et ravissante, c'est que, bien qu'elle soit artificielle, et faite que depuis quelques années, elle paraît être aussi vieille que le monde. Voilà ce qui frappe et étonne, ou ce qui prouve que ceux qui l'ont conçue, dirigée et faite étaient bien ingénieux et habiles.

O Dieu ! quand on voit de telles choses, quand on les examine bien, on ne peut s'empêcher de vous admirer, de vous louer d'avoir créé l'homme aussi intelligent et aussi entrepenant qu'il l'est. Mais ce qui étonne et surprend le plus, c'est de voir qu'il n'est pas seulement intelligent, raisonnable, entreprenant et courageux, mais qu'il vous imite dans vos œuvres animées et inanimées, ou en produit de pareilles aux vôtres, même de plus belles ! Et ce qui, à cet effet, finit de le rendre admirable et étonnant, c'est de voir encore, après avoir produit ces œuvres d'après nature, qu'il les imite de nouveau avec le pinceau, les décrit par la parole écrite, et leur permet, par là, de voler de pays en pays, de vivre dans tous les âges. C'est là le côté merveilleux ou le plus admirable, le plus digne d'éloges et d'attention !...

Quoi ! il n'y a encore que quelques années, celui-ci n'était qu'un bois aride, ordinaire, orné de quelques avenues et de quelques parcs sans animaux, et aujourd'hui c'est un lieu enchanté, ou plein de délices, car on n'y voit partout que des lacs, des rivières, des îles, des ponts allant de l'une à l'autre, des plantes rares, des animaux et des volatils sauvages de toutes les espèces, des prairies, des pavillons, des bois et des cafés dans ces îles, des ruisseaux à mille détours, de larges et longues avenues qui le sillonnent dans tous les sens, et des cascades ou des chutes d'eau imposantes, surpassant les plus belles de la nature ! Ce lieu, enfin, pour tout dire, n'est pas un lieu terrestre, c'est le paradis du monde ; et ce paradis est dû aux mains de l'homme ?...

Oh ! oui, homme, quand tu conçois et fais de telles merveilles, tu n'es pas seulement propre à bâtir des

7.

villes, à élever des palais et des temples, à faire marcher les voitures et les navires par la vapeur, à mesurer les astres et leur distance entre eux, à calculer leur marche périodique et à lancer la foudre par des machines de bronze, car tu sais encore, outre tout cela, imiter les œuvres de la nature animée et inanimée, même les surpasser quelquefois en beauté et en élégance. Et, par là, tu peux être comparé à la Divinité que tu connais, que tu apprécies, que tu adores et qui t'a créé à son image!

(Le Lecteur.)

17e Leçon.

Lecture en prose d'un discours concernant la passion de la gloire.

Pour les jeunes gens intelligents, sensibles, courageux, généreux, nobles et ambitieux, la gloire est, de toutes les passions, celle qui les attire et les séduit le plus. Dans le vif désir qu'ils ont de se couvrir un jour de ses rayons glorieux, et éblouissants, ils ne voient, n'entendent, n'aiment et n'admirent qu'elle. Elle seule, cette fameuse et enviable divinité, fait toute leur existence, leur bonheur le plus doux et le plus cher. Et, pour quiconque a du cœur et de l'âme, qui, en effet, ne l'aimerait, ne l'envierait et ne la poursuivrait pas! Par sa nature, son air, son attitude et sa majesté, elle est si attrayante et si séduisante que, quand on l'aperçoit ou la voit un peu de près, on en est ébloui et émerveillé, on ne peut plus se défendre de ses charmes et de ses irrésistibles attraits. Mais comme elle connaît sa puissance et sa beauté, elle se tient toujours à une grande distance de ceux qu'elle captive et séduit. Et afin de mieux se dérober à leurs regards curieux et avides, elle évite, avec soin, tout chemin large et facile. Loin de se montrer ainsi, elle se tient plutôt sur le sommet d'un monticule élevé, et où naissent et croissent, à vue d'œil, les fleurs et les feuilles propres à sa riche et brillante parure. Là, moitié couverte d'un long et large voile d'or et d'azur, et environné de ses rayons glorieux et éblouissants, elle laisse voir, à dessein, une peau blanche et fine comme le lys, puis un teint de rose aussi uni qu'une glace ; et avec cette belle peau et ce beau teint, des yeux si expressifs, si doux, si spirituels et si agréables que l'on ne peut en soutenir l'aspect, tant il a de charmes et de séduction ! En face d'une pareille divinité, on se sent comme accablé et électrisé de sa présence, on veut à toute force la voir et l'aborder de près, afin de pouvoir lui dérober, par là, quelques-uns de ses rayons pour s'en parer ; mais la chose n'est pas facile, car le monticule sur lequel elle se tient debout ou assise est entouré d'un large et profond précipice circulaire, où fourmillent les ronces et les épines, où coulent des ruisseaux de flammes et de soufre, et à travers lesquels se montrent et circulent continuellement une infinité de monstres, de serpents et d'êtres difformes de toute espèce, qui semblent en garder et en défendre l'abord.

Ainsi est la gloire et ses difficiles accès. Une telle déesse, on le voit, ne peut être enviée, abordée et atteinte de près que par un bien petit nombre ! Et, encore, parmi eux, n'y a-t-il que les plus habiles et les plus audacieux qui parviennent heureusement à franchir l'inabordable précipice qui l'entoure, et se couvrir légèrement de quelques-uns de ses beaux et admirables rayons ! A force de courage, de persévérance et de désirs, Jules a pourtant fini, à la fin, par se voir un de ceux-là. Mais pour y réussir, ou pour triompher de tous les obstacles qui s'y opposent de toutes parts, que ne lui en a-t-il pas coûté ! que de larmes, de misères, d'injustices, de souffrances, d'affronts, d'insultes et de contrariétés de tout genre n'a-t-il pas essuyés et éprouvés !

(Le Conducteur de la jeunesse.)

Lecture en prose d'un discours concernant l'étude et l'utilité de l'esprit.

La partie la plus utile de notre intelligence, et qui nous sert le plus, est nécessairement celle qu'on appelle l'esprit. Ce dernier, nous en avons tous une certaine dose, plus ou moins, parce qu'il nous est indispensable, ou donné par la nature, mais pas autant, néanmoins, que nous pourrions et devrions en avoir. La raison, c'est que nous ne travaillons point à le former, et le développer autant qu'il peut l'être, ou dans toute son étendue. C'est pourtant de notre intérêt, ou de notre bonheur, et ce qui nous est facile ; car il suffit, pour cela, d'en avoir le désir ; avec lui, les moyens nous viennent bientôt, pour ainsi dire d'eux-mêmes.

Dès qu'il est de la première nécessité pour tous, l'esprit, et que l'on ne peut rien dire et faire de bon ni de bien sans lui, il importe donc fort, on le sent, de le désirer, et de travailler à l'acquérir, et le plus possible, bien entendu.

Mais, dit Jules, à cet effet il ne faut pas, si nous voulons y réussir, que nous fassions comme beaucoup de jeunes gens que j'ai vus, que j'engageais à lire de bons livres pour en venir à bout, à les acheter, et qui, après m'avoir entendu me répondaient tranquillement, ou avec une indifférence excessive :

« J'aime mieux boire une chopine de vin de plus, et manger un béafteck, que d'acheter et lire un bon livre, cela me fera beaucoup plus de bien. »

Et puis, ils avaient l'air de se moquer de la science, d'être fiers de leur bétise et de leur orgueil mal fondé ; que dire de ces êtres-là ? Après une telle réponse, il n'y avait rien de bon à espérer d'eux. Ainsi est pourtant la presque totalité des jeunes ouvriers des villes ! une pareille disposition en eux est bien fâcheuse et bien redoutable pour le bonheur et la paix de la société, je la vois avec bien du déplaisir, j'avoue même qu'elle m'a porté, plus d'une fois, à les détester, les haïr, les regarder comme indignes de mes bienfaits, ou du bien que je leur recommandais et leur offrais. Mais, me dis-je ensuite après quelques réflexions :

S'ils sont ainsi, il n'y a pas tout à fait de leur faute, ils ont été élevés tels ; et tout ce qu'ils voient et entendent tous les jours, même dans les rangs élevés, les force encore à se plaire et à rester tels. Bien convaincu de cette triste et pénible vérité, je dois les plaindre, et ne point leur en vouloir, quoiqu'ils le méritent. Loin, ici, de me refroidir pour eux, ou de les abandonner

dans leur ignorance volontaire et coupable; par conséquent, il faut que je n'en travaille qu'avec plus d'ardeur,
ou que je me prépare de nouveau à souffrir encore pour
eux, afin de les sortir, si la chose est possible, de
l'affreux et fâcheux état où ils sont plongés et endormis;
car telle est ma tâche et mon devoir.

Assurément, l'esprit ne se donne ni ne s'achète; mais
il est malgré cela, comme toute chose, susceptible de
perfection, car il y a lieu, si on en a le désir et la ferme
volonté, de le former et le développer autant qu'il peut
l'être; on le peut à l'aide des moyens suivants:

1. Lisez de bons livres, ceux où il y a beaucoup de
réflexions, où leurs auteurs paraissent être profonds,
sérieux et pensifs. Surtout, tâchez en les lisant, de bien
les comprendre. Si vous n'y réussissez pas convenablement à la première lecture, relisez-les, s'il le faut, une
deuxième fois, même une quatrième. Faites plus, examinez sévèrement si ce que l'on y dit est bien dit, ou si
on ne pourrait pas encore dire mieux. Ce sera peut-être
ce que vous reconnaîtrez, et cette supériorité de jugement envers vous vous encouragera à lire, à vous faire
sentir le besoin de la lecture; et ceci vous formera et
vous développera peu à peu l'intelligence.

2. Dans une conversation, examinez bien attentivement ceux qui parlent, remarquez bien comment ils s'y
prennent. Quand, à cet égard, vous en voyez un qui ne
se presse pas à parler, est sérieux, pensif, pèse ses
paroles, paraît craindre de mal dire, étudie la figure des
autres, pour mieux voir ce qui s'y passe, et a le coup-
d'œil posé et sévère; soyez persuadé que celui-là est

spirituel, on ne parle et n'agit qu'avec connaissance, attention et pénétration. Réglez-vous sur lui alors, que sa conduite ou sa manière de penser, de parler ou d'agir vous serve de modèle, vous ne pourrez qu'y gagner, ou que bien vous en trouver.

3. Quand vous êtes pour dire ou faire quelque chose ne vous pressez point, examinez toujours bien d'avance, si ce sera bien ou mal; prévoyez-en toujours bien les suites. C'est un moyen excellent pour n'avoir pas à se reprocher de mal penser, parler et agir, et dont fort peu de personnes se servent, mais à tort.

4. Le dernier moyen qui, pour vous développer convenablement l'esprit, y est le plus propre, et dont vous ne devez pas manquer de vous servir, est celui qui consiste à en avoir l'idée et la volonté, à y travailler activement; avec celui-ci vous êtes sûr, pour peu que vous fassiez d'efforts, d'obtenir de bons résultats; mais sans lui, soyez-en bien certain, vous n'en obtiendrez aucun.

Celui qui veut faire une chose, y parvient toujours un peu quand il en a fortement le désir et la volonté: la preuve, c'est que tout homme qui ne sait ni lire ni écrire, ne saura jamais s'il n'essaye pas à apprendre; mais s'il l'essaie il y parvient toujours, plus ou moins; et le peu qu'il en apprend lui vaut toujours mieux que s'il ne savait rien du tout, ne serait-ce que comme satisfaction de posséder un double langage. Donc, ceux qui n'ont que peu d'intelligence peuvent, à l'aide de mes conseils, l'augmenter et l'étendre autant qu'elle est susceptible de l'être. Au moins, si après avoir fait leur possible pour y parvenir, ils n'y ont pas réussi selon leurs désirs et leurs espérances, ils n'ont pas à se le reprocher, et c'est toujours une satisfaction pour eux.

Ainsi, vous qui êtes jeunes, voici pour vous fortifier et vous développer l'esprit autant qu'il peut l'être, les meilleurs moyens que nous puissions vous indiquer : il est vrai, par exemple, que si naturellement vous en avez peu, ou que si la nature vous l'a refusé, vous ne pourrez jamais, quelque effort que vous fassiez, parvenir à bien l'étendre, ou autant que vous le désireriez ; mais sans en avoir un de première force, vous en aurez toujours un peu plus que si vous n'y aviez pas du tout travaillé. Et sous ce rapport, ce sera toujours beaucoup pour vous et les autres, même très-heureux.

Comme l'esprit est tout ce qu'il y a de plus utile, de plus désirable et de plus honorifique, un grand nombre, pour cette raison, le recherchent et se piquent d'en avoir ; mais il arrive souvent à cet effet que, parmi ceux-ci, on en voit qui, pour trop le montrer, prouvent qu'ils n'en ont guère ou beaucoup moins qu'ils le pensent. Ceux-là, loin parfois d'être spirituels, sont même assez communément très-bornés, alors dans ce cas, et sans avoir l'intention de blesser qui que ce soit, on peut dire d'eux, dans la vue de les corriger, si la chose est possible, ou de les porter à se défier de leur faux jugement :

« Il n'y a rien d'aussi savant et d'aussi orgueilleux qu'un savant qui croit avoir de l'esprit ! »

Quelque grand qu'il soit, notre esprit, nous devons toujours nous en défier, parce qu'il est très-susceptible à l'erreur ; aussi, celui qui en a réellement, qui en est sûr, n'en est pas fier, il s'en garde bien.

Bien entendu, ou tel qu'il doit l'être, le vrai esprit est si rare, si peu trouvable, qu'il n'existe presque pas, et c'est fâcheux pour tous et pour chacun, car de lui seul, nous l'avons déjà dit ailleurs, dépendent et découlent le bonheur et la perfection de l'espèce humaine. Avec lui on comprend et met tout à sa place, tandis que sans lui on ne peut rien concevoir et faire de bon ; et de plus on déplace et gâte tout. Ceci, pour celui qui s'en sent un peu, est suffisant, ce nous semble, pour le porter et l'encourager à le désirer, le rechercher et le développer le plus possible.

(*Le Conducteur de la jeunesse.*)

18e Leçon.

Lecture en prose concernant le serment de Jules et d'Elise.

Lorsque Jules eut parlé ainsi, il se leva et donna la main à Elise, pour qu'elle se levât aussi : debout tous les deux et les yeux fixés sur les siens, il continua en ces termes :

« Voici, dans ce discours, que je vous ai expliqué vos devoirs de bienfaitrice et d'élève, voilà par conséquent, que votre bonheur futur dépend entièrement de vous ou de votre condüite. Maintenant que je vous ai ouvert les yeux sur le bien et le mal de cette vie et de l'autre, ou que je vous ai fait connaître vos devoirs en toutes choses, jurez ici avec moi, devant Dieu qui nous voit et nous entend, et ce soleil qui nous éclaire, que vous les remplirez scrupuleusement dans toute leur entendue, et me serez toujours bonne et reconnaissante, comme je jure de vous l'être. »

— Oui, dit-elle, en lui tenant une main et en tendant l'autre devant Dieu qui les voyait et les entendait, et le soleil qui les éclairait, je le jure !

Et pendant qu'ils se tenaient et parlaient de la sorte, pour affirmer leurs serments réciproques, une voix céleste et douce se fit entendre sur leurs têtes, et prononça ces paroles remarquables :

Gloire et vertus ; vices et perfidies !

Ainsi, ce jour-là, parla Jules à sa bienfaitrice et à son élève ; ainsi un enfant du peuple instruisait, et dans le plus haut genre de pensée, une fille du peuple. Et l'instruction qu'il lui donnait était grande, profonde, touchante, éloquente et salutaire. Oui, sans aucun doute, elle était telle, c'est ce qu'on ne peut nier, car tout le prouve. Vue de près ou bien examinée, que d'idées sublimes et utiles on y trouve ! De quelle grandeur et de quelle noblesse elle se montre ! Jusqu'alors on n'en avait point encore donné de pareille, ou d'aussi vraie, d'aussi claire, d'aussi remarquable et d'aussi bienfaisante. Mais quoique paraissant en être vivement touchée, Elise en profitera-t-elle ? ne fera-t-elle pas, plus tard, comme Eve pour le fruit défendu du Paradis terrestre ? Et Jules comme Adam ? ou pour mieux dire, l'un d'eux sera-t-il faible contre le mal, et l'autre fort ? La voix céleste et douce qui s'est fait entendre sur leurs têtes innocentes et pures pendant leur serment, ou qui a prononcé ces paroles remarquables :

Gloire et vertus; vices et perfidies!

Ne sera-t-elle pas, pour eux, une voix prophétique et funeste?... Ah! juste ciel, il y a fort à le craindre, car les choses, ici-bas, si on en considère bien le cours, sont plutôt disposées à suivre la pente du mal que celle du bien.

(Jules et Elise.)

Lecture en prose concernant l'illusion et la réalité de l'entrée dans la vie.

A son entrée dans la vie, Jules fut semblable à un jeune artiste qui, surpris du beau et du merveilleux, se met en voyage pour voir, étudier, admirer et peindre le monde, afin de pouvoir en savourer par là, et tout à son aise les charmes et les délices qu'il croit y trouver. Dans ce brûlant et agréable désir, il est déjà impatient de se mettre en route, et part aussitôt qu'il le peut, et à marche forcée. Ainsi disposé, il sort de suite de sa patrie, qui, quoique grande, ne l'est néanmoins pas assez pour suffire à son excessive curiosité. Du train qu'il marche, il parcourt en quelques années, une partie de l'Afrique et de l'Asie, où il ne fait que passer et jeter un coup d'œil rapide.

En marchant de cette façon, ce jeune artiste s'endort, par une belle nuit de printemps, dans un pays inconnu et inhabité; et où, le matin à son réveil, et à la naissance du jour, il se voit auprès d'une longue et

haute muraille , et au milieu de laquelle s'élève un gigantesque et magnifique portique, comme il n'en existe
pas de semblable. En face de ce beau monument,
œuvre d'une main supérieure à celle de l'homme, on
est presque anéanti d'admiration et d'étonnement, car
on ne peut se lasser d'admirer ses colonnes, ses corniches , ses piédestaux, ses trophées, ses sculptures et ses
statues en bronze , en marbre et en pierre. Tel, ce riche et somptueux portique frappe et captive. Mais ce
qui , dans sa structure aussi élégante que gracieuse ,
ravit et étonne le plus, c'est qu'il est fermé par une
grande et haute porte d'acier et d'airain à doubles battants , et semble annoncer, par son aspect majestueux
et imposant, qu'elle est celle d'un nouveau monde, ou
celle des mystères de l'entrée dans la vie.

Frappé de l'aspect de cette merveille surprenante et
inattendue, ce jeune artiste qui est auprès, la regarde
attentivement et ne peut en détacher ses yeux, tant il
la trouve séduisante et imposante. Ici, il est comme
muet et extasié; mais ce qui , après un moment de contemplation et de silence, achève de l'étonner et d'augmenter sa surprise, c'est qu'il lui semble entendre au-
delà de cette longue et haute muraille des concerts mélodieux et des chants ravissants. Transporté de joie,
ivre de bonheur de se voir là , il prête l'oreille, regarde
cette porte mystérieuse et souhaiterait qu'elle s'ouvrit.
Et c'est ce qui a lieu à l'instant même, car elle s'ouvre et
toute entière; ses deux battants roulent sur leurs gonds
d'or et d'argent, et lui permettent alors de voir , et autant qu'il le désire, une longue et large avenue qui se

prolonge en ligne droite devant lui, et traverse tout un nouveau monde ou de vastes Champs-Élysées.

Là, bien que seul, et en face d'un tel spectacle, ce jeune favori des Muses n'a aucune frayeur, il s'arme de courage, n'hésite point, et entre. Dieu! en mettant le pied dans cette demeure des immortels, où s'élève et monte, d'une manière inaperçue, un soleil brillant et radieux, que voit et qu'aperçoit-il? Il ne voit et n'aperçoit de toutes parts que des arbres chargés de fleurs et de fruits, que des jets d'eau, des jardins enchantés, des champs de rosiers et de lilas fleuris, des bosquets, des prairies émaillées de marguerites et d'amarantes, des ruisseaux et des fontaines aux ondes limpides et au doux murmure, puis des colonnes, des piédestaux, des statues, des temples, des palais, des arcs-de-triomphe et des théâtres splendides, majestueux et élégants! A travers toutes ces richesses de l'art et de la nature, il ne marche que sur les violettes, les roses, le thym et les œillets, et ne respire, à ne pouvoir s'en rassasier, que des parfums suaves et enivrants.

Au milieu de tant de charmes et de plaisirs, ce jeune artiste insatiable de voir ne peut plus y tenir, car il est presque comme mort de joie et d'admiration. Ici, il ne se contente pas de ces premiers points de vue, il s'avance toujours de plus en plus; et, à peu de distance de là, il voit bientôt une jeunesse folâtre et nombreuse qui va et vient, chante, danse, joue à divers jeux, ou se livre, autant qu'elle le peut et en a le temps, à tous les amusements et les plaisirs de son âge.

A la vue de ces plaisirs si nombreux, si variés, si

doux et si agréables, cet admirateur infatigable est presque tenté d'y prendre part, ou de se mêler aux promenades, aux chants, aux danses et aux jeux qu'il admire ; mais après quelques réflexions il préfère parcourir le nouveau monde où il se voit, et s'avance encore un peu plus avant. A cet endroit finissent, sans tarder, les promenades, les chants, les danses, les jeux et les ris. Mais comme compensation, on aperçoit, de suite, sur l'herbe et sous des palmiers, des mûriers, des maronniers, des orangers et des lauriers, une foule immense de jeunes garçons et de jeunes filles d'une belle figure et d'un beau costume, et qui se livrent, et très-activement, à la perfection des arts et des sciences. Là, tous vêtus légèrement et avec élégance, et d'un air pensif, grave, spirituel et sérieux, ils font agir, à l'envie et avec beaucoup de goût et d'habileté, le marteau, le ciseau, le compas, l'aiguille, la navette, le crayon, le pinceau et la plume. Et dans l'effort et le concours réunis de tant d'actions différentes, surgissent, de tous côtés, et comme par enchantement, les étoffes, les vêtements, les coiffures, les chaussures, les meubles, les glaces, les bijouteries, les tableaux, les armes, les statues, les outils et les livres.

Dans le voisinage de ce lieu, et également sur l'herbe et à l'ombre sous toute espèce d'arbres, apparaissent bientôt des personnages d'un autre âge et d'un autre genre que ceux que nous venons de citer : ces derniers sont des savants, des penseurs, des magistrats, des prêtres, des législateurs, des artistes distingués, des guerriers et des monarques. Tous, vêtus richement, couverts de décorations, et le front ceint de couronnes et de lauriers, passent leur temps, dans ce séjour de gloire, de réflexion, d'instruction, de morale, de religion, de discussions, d'inventions, de législation, de délibération, de méditations et de philosophie; à penser, ordonner, dire, faire et exécuter tout ce qui est propre à instruire, polir, civiliser, moraliser, occuper, diriger, surveiller et gouverner ce nouveau monde sage, instruit, moral, juste, bon, laborieux, religieux, libre et heureux.

Plein de respect et d'admiration pour toutes ces belles et utiles choses qu'il venait de voir et d'examiner attentivement, le jeune et curieux voyageur se vit enfin, et sans s'en être aperçu, au bout de la longue et large avenue qu'il parcourait, et sur le bord d'une vaste mer. Là, malgré lui, il fut forcé de s'arrêter, car il n'avait plus rien de nouveau à voir, sauf la vaste plaine liquide qui s'étendait devant lui à perte de vue, et sur laquelle il apercevait, au loin, quelques vaisseaux partant pour l'Orient, et d'autres qui en revenaient. Ce dernier spectacle qu'il voyait aussi pour la première fois, ne lui parut pas moins digne d'attention et d'admiration que tout ce qu'il venait de voir et de contempler; dans la vive satisfaction qu'il y éprouvait, il aurait même désiré voyager sur le brillant cristal liquide, ou y faire quelques promenades. Mais il ne le pouvait, à son grand regret, et faute de navires ou de petites nacelles.

Se voyant dans l'impossibilité absolue de pouvoir mettre le pied sur cette vaste plaine liquide qu'il contemplait avidement, ou de laquelle il ne pouvait détacher ses regards ravis; ce jeune et insatiable curieux se décida, après quelques réflexions, à retourner sur ses pas, afin de voir encore, une seconde fois, ce qu'il venait déjà de voir et d'admirer. Epris de cette idée, il n'hésite point, il se retourne, marche et parcourt de nouveau tous les lieux qu'il a vus avec tant de joie et de satisfaction. Mais ce qui ici, maintenant, l'étonne et le surprend fort, c'est qu'il n'y trouve plus le même plaisir et le même charme; et cela provient de ce que la plupart des personnes et des choses qui en faisaient tout à l'heure l'ornement et la beauté n'y sont déjà plus; elles ont déjà disparu comme l'ombre et la rosée du matin.

Frappé, à l'excès, de ce changement si prompt et si inattendu, notre jeune et avide artiste pense et réfléchit sérieusement, et commence à comprendre par les différences si précipitées qu'il compare, que l'entrée dans la vie qui lui a d'abord semblé si belle et si désirable, n'est pas longtemps ce qu'elle paraît de suite au premier coup-d'œil, ou qu'elle change bientôt de formes, de couleur, d'aspect et de satisfaction. Et telle l'a trouvée Jules, qui l'a parcourue, vue et étudiée dans toute sa profondeur et son étendue.

(L'Apprentissage de la vie.)

19ᵉ Leçon.

Lecture en vers concernant une histoire imaginaire et morale.

Ni l'or ni la grandeur ne nous rendent heureux.
Ces deux divinités n'accordent à nos vœux
Que des biens peu certains, qu'un plaisir peu tranquille :
Des soucis dévorants c'est l'éternel asile ;
Véritable vautour que le fils de Japet
Représente, enchaîné sur son triste sommet.

L'humble toit est exempt d'un tribut si funeste.
Le sage y vit en paix et méprise le reste :
Content de ses douceurs, errant parmi les bois,
Il regarde à ses pieds les favoris des rois ;
Il lit au front de ceux qu'un vain luxe environne
Que la fortune vend ce qu'on croit qu'elle donne.
Approche-t-il du but, quitte-t-il ce séjour ;
Rien ne trouble sa fin : c'est le soir d'un beau jour.

Philémon et Baucis nous en offrent l'exemple :
Tous deux virent changer leur cabane en un temple.
Hyménée et l'*Envie*, par des désirs constants,
Avaient uni leurs cœurs dès leur plus doux printemps :
Ni le temps ni l'hymen n'éteignirent leur flamme ;
Cloton prenait plaisir à filer cette trame.
Ils surent cultiver, sans se voir assistés,
Leur enclos et leur champ par deux fois vingt étés.
Eux seuls ils composaient toute leur république :
Heureux de ne devoir à pas un domestique
Le plaisir ou le gré des soins qu'ils se rendaient !
Tout vieillit : sur leur front les rides s'étendaient ;
L'amitié modéra leurs *soins* sans les détruire,
Et par des traits d'*atour* sut encore se produire.

Ils habitaient un bourg plein de gens dont le cœur
Joignait aux duretés un sentiment moqueur.
Jupiter résolut d'abolir cette engeance.
Il part avec son fils, le dieu de l'éloquence ;
Tous deux en pèlerins vont visiter ces lieux.
Mille logis y sont, un seul ne s'ouvre aux dieux.
Prêts enfin à quitter un séjour si profane,
Ils virent à l'écart une étroite cabane,
Demeure hospitalière, humble et *simple* maison.
Mercure frappe : on ouvre. Aussitôt Philémon
Vient au-devant des dieux, et leur tient ce langage :
« Vous me semblez tous deux fatigués du voyage,
» Reposez-vous. Usez du peu que nous avons ;
» L'aide des dieux a fait que nous le conservons :
» Usez-en. Saluez ces pénates d'argile :
» Jamais le ciel ne fut aux humains si facile,

8

» Que quand Jupiter même était de simple bois;
» Depuis qu'on l'a fait d'or, il est sourd à nos voix.
— » Baucis, ne tardez point : faites tiédir cette onde.
» Encor que le pouvoir au désir ne réponde,
» Nos hôtes agréeront les soins qui leur sont dûs. »

Quelques restes de feu sous la cendre épendus
D'un souffle haletant par Baucis s'allumèrent :
Des branches de bois sec aussitôt s'enflammèrent.
L'onde tiède, on lava les pieds des voyageurs.
Philémon les pria d'excuser ces longueurs :
Et pour tromper l'ennui d'une attente importune,
Il entretint les dieux non point sur la fortune,
Sur ses yeux, sur la pompe et la grandeur des rois ;
Mais sur ce que les champs, les vergers et les bois
Ont de plus innocent, de plus doux, de plus rare.
Cependant par Baucis le festin se prépare.
La table où l'on servit le champêtre repas
Fut d'air non façonné à l'aide du compas :
Encore assure-t-on, si l'histoire en est crue,
Qu'en un de ses rapports le temps l'avait rompue.
Baucis en égala les appuis chancelans
Des débris d'un vieux vase, autre injure des ans.
Un tapis tout usé couvrit deux escabelles :
Il ne servait pourtant qu'aux fêtes solennelles.
Le linge orné de fleurs fut couvert, pour tout mets,
D'un pot de lait, de fruits et de dons de Cérès.

Les divins voyageurs, altérés de leur course,
Mêlaient au vin grossier le cristal d'une source.
Plus le vase versait, moins il s'allait vidant.
Philémon reconnut ce miracle évident;
Baucis n'en fit pas moins : tous deux s'agenouillèrent;
A ce signe d'abord leurs yeux se dessillèrent.
Jupiter leur parut avec ces noirs sourcils
Qui font trembler les cieux sur leurs pôles assis.
« Grand Dieu, dit Philémon, excusez notre faute :
» Quels humains auraient cru recevoir un tel hôte?
» Ces mets, nous l'avouons, sont peu délicieux :
» Mais, quand nous serions rois, que donner à des dieux? »

» C'est le cœur qui fait tout : que la terre et que l'onde
» Apprêtent un repas pour les maîtres du monde;
» Ils lui préfèrent les seuls présents du cœur. »
Baucis sort à ces mots pour réparer l'erreur.
Dans le verger courait une perdrix privée,
Et par de tendres soins dès l'enfance élevée ;
Elle en veut faire un mets, et la poursuit en vain.
La volatille échappe à sa tremblante main ;
Entre les pieds des dieux elle cherche un asile.
Ce recours à l'oiseau ne fut pas inutile :
Jupiter intercède. Et déjà les vallons
Voyaient l'ombre en croissant tomber du haut des monts.

Les dieux sortent enfin et font sortir leurs hôtes.
« De ce bourg, dit Jupin, je veux punir les fautes :
» Suivez-nous. — Toi, Mercure, appelle les vapeurs.
» O gens durs! Vous n'ouvrez vos logis ni vos cœurs! »
Il dit : et les autans troublent déjà la plaine.
Nos deux époux suivaient, ne marchant qu'avec peine ;
Un appui de roseau soulageait leurs vieux ans :
Moitié secours des dieux, moitié peur, se hâtant,
Sur un mont assez proche enfin ils arrivèrent,
A leurs pieds aussitôt cent nuages crevèrent.
Des ministres des dieux les escadrons flottants
Entraînèrent, sans choix, animaux, habitants,
Arbres, maisons, vergers, toute cette demeure ;
Sans vestiges du bourg, tout disparut sur l'heure.
Les vieillards déploraient ces sévères destins.
« Les animaux périr! car encor les humains. »
Tous avaient dû tomber sous les célestes armes :
Baucis en répandit en secret quelques larmes.

Cependant l'humble toit devint temple, et ses murs
Changent leur frêle enduit aux marbres les plus durs.
De pilastres massifs les cloisons revêtues
En moins de deux instants s'élèvent jusqu'aux nues ;
Le chaume devient or, tout brille en ce pourpris.
Tous ces événements sont peints sur le lambris.
Loin, bien loin les tableaux de Zeuxis et d'Apelle
Ceux-ci furent tracés d'une main immortelle.

Nos deux époux; surpris, étonnés, confondus,
Se crurent, par miracle, en l'Olympe rendus.
« Vous comblez, dirent-ils, vos moindres créatures :
» Aurions-nous bien le cœur et les mains assez pures
» Pour présider ici sur les honneurs divins,
» Et prêtres vous offrir les honneurs divins? »
Jupiter exauça leur prière innocente.
« Hélas! dit Philémon, si votre main puissante
» Voulait favoriser jusqu'au bout deux mortels,
» Ensemble nous mourrions en servant vos autels.
» Cloton ferait d'un coup ce double sacrifice;
» D'autres mains nous rendraient un vain et triste office :
» Je ne pleurerais point celle-ci, ni ses yeux,
» Ne troubleraient non plus de leurs larmes ces lieux. »
Jupiter à ce vœu fut encor favorable.
Mais oserai-je dire un fait presque incroyable?
Un jour qu'assis tous deux dans le sacré parvis
Ils contaient cette histoire aux pèlerins ravis,
La troupe à l'entour d'eux debout prêtait l'oreille;
Philémon disait : « Ce lieu plein de merveille
» N'a pas toujours servi de temple aux immortels :
» Un bourg était autour, ennemi des autels,
» Gens barbares, gens durs, habitacle d'impies;
» Du céleste courroux tous furent les hosties.
» Il ne resta que nous d'un si triste débris :
« Vous en verrez tantôt la suite en nos lambris;
» Jupiter l'y peignit. » En écoutant ces annales,
Philémon regardait Baucis par intervalles;
Elle devenait arbre, et lui tendait les bras;
Il veut lui tendre aussi les siens, et ne le peut pas.
Il veut parler, l'écorce à sa langue pressée.
L'un et l'autre se dit adieu de la pensée :
Le corps n'est tantôt plus que feuillage et que bois.
D'étonnement la troupe, ainsi qu'eux perd la voix.
Même instant, même sort à leur fin les entraîne;
Baucis devint tilleul, Philémon devient chêne.
On les va voir encore, afin de mériter
Les douceurs qu'en hymen *Atour* leur fit goûter.
Ils courbent sous le poids des offrandes sans nombre.
Pour peu que deux époux séjournent sous leur ombre,

Ils s'aiment jusqu'au bout, malgré l'effort des ans.
Ah! si.... Mais autre part j'ai porté mes présents.
Célébrons seulement cette métamorphose.
Des fidèles témoins m'ayant conté la chose,
Clio me conseilla de l'étendre en ces vers,
Qui pourront quelque jour l'apprendre à l'univers.
Quelque jour on verra chez les races futures,
Sous l'appui d'un grand nom passer ces aventures.
Vendôme, consentez au lés que j'en attends ;
Faites-moi triompher de l'Envie et du Temps :
Enchaînez ces démons, que sur nous ils n'attentent,
Ennemis des héros et de ceux qui les chantent.
Je voudrais pouvoir dire en un style assez haut
Qu'ayant mille vertus vous n'avez nul défaut.
Toutes les célébrer serait œuvre infinie;
L'entreprise demande un plus vaste génie :
Car quel mérite enfin ne vous fait estimer?
Sans parler de celui qui force à vous aimer.
Vous joignez à ces dons l'amour des beaux ouvrages;
Vous y joignez un goût plus sûr que nos suffrages;
Don du ciel, qui peut seul tenir lieu des présens
Que nous font à regret le travail et les ans.
Peu de gens élevés, peu d'autres encor même,
Font voir par ces faveurs que Jupiter les aime.
Si quelque enfant des dieux les possède, c'est vous ;
Je l'ose dans ces vers soutenir devant vous.
Clio, sur son giron, à l'exemple d'Homère,
Vient de les retoucher, attentive à vous plaire :
On dit qu'elle et ses sœurs, par l'ordre d'Apollon,
Transportent dans Anet tout le sacré vallon :
Je le crois. Puissions-nous chanter sous les ombrages
Des arbres dont ce lieu va border ses rivages !
Puissent-ils tout d'un coup élever leurs sourcils,
Comme on vit autrefois Philémon et Baucis !

LAFONTAINE. (*Philémon et Baucis.*)

20e Leçon.

Lecture en prose concernant l'entrée dans la vie.

Je vais parler de l'entrée dans la vie, ou la peindre aux jeunes gens qui y entrent, et la croient plus belle, plus agréable, plus riante et plus facile qu'elle ne l'est en réalité.

Vous qui êtes confiants et sans expérience, venez à moi, ne vous y refusez point ; venez entendre des paroles instructives et utiles, ou desquelles dépendent votre bonheur, votre perfection et vos vertus.

Livrés à eux-mêmes ou à l'état de nature, les hommes, quoique créés pour la justice et la vertu sont plutôt portés au mal qu'au bien, un penchant naturel et irrésistible semble les y pousser ; et cela provient de ce que, plus abondantes et plus fortes que leurs sœurs, les mauvaises idées combattent et détruisent les bonnes. Et c'est ce qui ne devrait pas avoir lieu, parce que le monde a été fait pour vivre d'une manière sage et parfaite ; pour cette raison, nos bonnes idées, quelque peu nombreuses et faibles qu'elles soient, doivent toujours être assez courageuses et assez sages pour combattre et vaincre les mauvaises. Et c'est, autant nous le pourrons, ce que nous voulons entreprendre de faire voir et de prouver.

Muse qui vivez avec la jeunesse de seize à vingt ans, et l'animez de vos feux et de vos grâces, aidez-nous, s'il vous plaît à la conduire avec sagesse et savoir dans cette vie où elle entre en chantant et en dansant, et les yeux fermés. Comme nous sommes, à cet égard, le premier qui vous invoquons, ne soyez point sourde à nos prières, veuillez les entendre avec complaisance et bonté. Et après les avoir entendues de la sorte, mettez-vous à l'œuvre, secondez-nous; apprenez-nous à tracer et à aplanir la route que nous avons parcourue avec tant de peines et de maux, afin que ceux auxquels nous voulons la montrer la parcourent avec plus de satisfaction et de bonheur que nous. Si, jeune et riante Muse, vous nous accordez ces faveurs que nous osons vous demander, et nous sont si nécessaires ; nous vous promettons, pour vous remercier, selon son mérite, d'un aussi grand bienfait, la reconnaissance et l'amour des jeunes gens de tous les temps et de tous les pays qui entrent dans la vie.

(*Le Conducteur de la jeunesse.*)

Lecture en vers concernant la perfidie d'Athalie.

Oui, je viens dans son temple adorer l'Eternel ;
Je viens, selon l'usage antique et solennel,
Célébrer avec vous la fameuse journée
Où sur le mont Sina la loi nous fut donnée.
Que les temps sont changés ! Sitôt que de ce jour
La trompette sacrée annonçait le retour,
Du temple, orné partout de festons magnifiques,
Le peuple saint en foule inondait les portiques ;
Et tous, devant l'autel avec ordre introduits,
De leurs champs dans leurs mains portant les nouveaux fruits,
Au Dieu de l'univers consacraient ces prémices :
Les prêtres ne pouvaient suffire aux sacrifices.
L'audace d'une femme, arrêtant ce concours,
En des jours ténébreux a changé ces beaux jours.
D'adorateurs zélés à peine un petit nombre
Ose des premiers temps nous retracer quelque ombre :
Le reste pour son Dieu montre un oubli fatal ;
Ou même s'empresse aux autels de Baal,

Se fait initier à ses honteux mystères,
Et blasphème le nom qu'ont invoqué leurs pères;
Je tremble qu'Athalie, à ne vous rien cacher,
Vous-même de l'autel vous faisant arracher,
N'achève enfin sur vous ses vengeances funestes,
Et d'un respect forcé ne dépouille les restes.

RACINE. (*Athalie.*)

Lecture en prose concernant l'histoire de l'apprentissage de la vie.

Je vais parler de l'apprentissage de la vie, ou faire voir à ceux qui l'ont étudié et le commencent, combien il est long, pénible, douloureux et difficile. Et le leur montrer ainsi, c'est finir de leur en dresser et aplanir la route, ou de la leur rendre plus courte, plus douce, plus agréable et plus facile.

Vous qui nous avez déjà vu et entendu, venez nous voir et nous entendre encore; venez apprendre, par l'expérience des autres, ce que vous ne savez que par l'étude. Cette seconde connaissance, appuyée sur la réalité des faits, est indispensable à la première; c'est pourquoi, tant que vous êtes jeunes, venez achever de vous instruire, ou d'acquérir les lumières propres à vous montrer ce qui fait votre bien ou votre mal, ou vous donne la vie ou la mort.

Pour bien faire l'apprentissage de la vie, il ne suffit pas d'être instruit par l'étude, il faut aussi l'être par l'expérience; et celle-ci ne peut être acquise que par l'histoire; et que par celle surtout de ceux qui ont vécu dans le malheur, la misère et les contrariétés de tout genre. Et Jules, dont nous avons déjà parlé ailleurs, est un de ceux-là, car aucun plus que lui, n'a eu occasion de voir, d'étudier et de connaître le monde, et toujours à ses dépens. Et c'est ce qui fait que sa vie est, plus qu'aucune, propre à instruire la jeunesse et à lui servir d'exemple. Aussi, comme telle, allons-nous faire tout ce qu'il dépendra de nous pour bien la peindre et en montrer l'utilité.

Muse des réflexions et des souffrances! fille qui ne vous nourrissez que de pensées, et n'habitez que des lieux paisibles et solitaires, venez à nous; inspirez-nous les idées nécessaires pour bien peindre l'histoire de celui qui se plaisait tant avec vous, et a toujours vécu sous vos douces et agréables lois. Comme votre élève chéri, et que vous le connaissez à fond; dites-nous bien, grande divinité, et ce qu'il a vu et ce qu'il a fait, afin que par là, nous puissions bien le raconter à la jeunesse présente et future, ou lui apprendre, par de bonnes réflexions et de bons conseils, à éviter ses fautes et à aimer et à pratiquer sa sagesse et ses rudes vertus.

(L'Apprentissage de la vie.)

Lecture en vers concernant la fécondité de la terre.

La voix de l'univers à ce Dieu me rappelle.
La terre le publie. « Est-ce moi, me dit-elle,
» Est-ce moi qui produis mes riches ornements?
» C'est celui dont la main posa mes fondements.
» Si je sers tes besoins, c'est lui qui me l'ordonne :
» Les présents qu'il me fait, c'est à toi qu'il les donne :
» Je me pare des fleurs qui tombent de sa main ;
» Il ne fait que l'ouvrir, et m'en remplit le sein
» Pour consoler l'espoir du laboureur avide,
» C'est lui qui dans l'Egypte, où je suis trop aride,
» Veut qu'au moment prescrit, le Nil loin de ses bords
» Répandu sur ma plaine, y porte mes trésors.

8.

» A de moindres objets tu peux le reconnaître :
» Contemple seulement l'arbre que je fais croître.
» Mon suc dans la racine à peine répandu,
» Du tronc qui le reçoit, à la branche est rendu :
» La feuille le demande, et la branche fidèle
» Prodigue de son bien, le partage avec elle.
» De l'éclat de ses fruits justement enchanté,
» Ne méprise jamais ces plantes sans beauté,
» Troupe obscure et timide, humble et faible vulgaire.
» Si tu sais découvrir leur vertu salutaire,
» Elles pourront servir à prolonger tes jours.
» Et ne t'afflige pas si les leurs sont si courts :
» Toute plante en naissant déjà renferme en elle,
» D'enfants qui la suivront une race immortelle :
» Chacun de ses enfants, dans sa fécondité
» Trouve un gage nouveau de sa postérité. »
Ainsi parle la terre, et charmé de l'entendre,
Quand je vois par ses nœuds que je ne puis comprendre,
Tant d'êtres différents l'un à l'autre enchaînés,
Vers une même fin constamment entraînés,
A l'ordre général conspirent tous ensemble,
Je reconnais partout la main qui les rassemble ;
Et d'un dessein si grand j'admire l'unité,
Non moins que la sagesse et la simplicité.

RACINE, fils. (La Religion.)

21e Leçon.

Lecture en prose concernant l'histoire du jeune Adam et de la jeune Eve.

Je vais parler de faits tristes et agréables, et aussi instructifs pour l'adolescence que pour la virilité. Ce qui en fera le charme, la nouveauté et la surprise, c'est qu'ils seront racontés par un adolescent à une adolescente, et que le premier en a été témoin oculaire et victime.

Vous qui êtes prêts à entrer dans la vie, et vous qui l'avez déjà parcourue, venez, accourez de toutes parts ; venez apprendre, par un long récit, des choses comme on n'en a point encore vues, et dont votre cœur et votre esprit seront vivement touchés. Adolescents, vous verrez ce qui est propre à vous former le raisonnement et le style ; adultes, vous serez étonnés de voir, d'une part, tant de grandeur et de vertus ; et, de l'autre, tant de bassesse et de perfidie. Tous, quels que vous soyez, jeunes ou vieux, éprouverez de la joie, de la tristesse et de la douleur à un tel récit ; et, de plus, l'exemple du bonheur et de la vertu ; c'est pourquoi venez, approchez-vous, ne vous refusez point à nous voir et à nous entendre.

Si l'homme et la femme vivaient selon la loi pour laquelle ils ont été créés, ils ne connaîtraient que le plaisir et la satisfaction de la conscience, nullement la douleur, les contrariétés et le remords. Mais loin de vivre ainsi, ils font presque toujours le contraire ; ou, pour mieux dire, ils portent des regards satisfaits et avides sur le fruit défendu de l'arbre de vie, et écoutent le séducteur qui leur conseille d'en prendre et d'en manger ; et, par là, ils se frappent et se donnent la mort. Si, à cet égard, il n'y avait qu'eux qui se frappassent et se donnassent la mort, il n'y aurait rien à dire, puisqu'ils le font avec connaissance et volontairement ; mais ce qui, ici, est fâcheux et pénible, c'est que le mal qu'ils se font par leur faute, retombe sur leurs enfants, qui en sont innocents et victimes. Voilà, à cet effet, ce qu'il y a de réellement triste et regrettable, et c'est ce que nous voulons faire voir, et avec le plus de force et de vérité que nous le pourrons.

Muse du jeune âge! Vierge qui ne connaissez et n'aimez que les jeux et les ris, mais qui, malgré cela, éprouvez quelquefois de vives douleurs et de noirs chagrins, venez à nous, ne vous y refusez point. Dans cette faveur que nous vous demandons à genoux, faites-nous connaître, s'il vous plaît, la manière de voir et de penser des adolescents, afin que nous puissions, par ces faits, les préparer à entrer sagement et heureusement dans la vie. Si vous nous accordez ces dons précieux et désirables, nous vous promettons, riante et douce divinité, d'en user noblement; et cet usage, aussi utile que souhaitable, vous couvrira, de tout temps, d'honneur et de gloire.

Et vous, Muse de l'âge viril! vous qui allumez et embrasez, de vos feux concentrés et mystérieux, les cœurs sensibles et purs, dites-nous ce qui s'y passe, apprenez-nous à l'exprimer avec force et vérité, non pour enchanter et captiver le lecteur, mais plutôt pour lui montrer combien il y a, chez les uns, de bassesse et de perfidie; et, chez les autres, de grandeur d'âme, de noblesse et de vertu. Comme cette seconde connaissance est indispensable au bonheur de l'enfance et de ses parents, nous espérons, grande déesse, que vous ne nous la refuserez point, ou que vous éprouverez autant de satisfaction à nous la donner que nous à la recevoir.

(Léon et Pauline.)

Lecture en vers concernant la défense de la religion et la punition du crime.

Celui qui met un frein à la fureur des flots
Sait aussi des méchants arrêter les complots.
Soumis avec respect à sa volonté sainte,
Je crains Dieu, cher Abner, et n'ai point d'autre crainte.
Cependant je rends grâce au zèle officieux
Qui sur tous mes périls vous fait ouvrir les yeux.
Je vois que l'injustice en secret vous irrite,
Que vous avez encore le cœur israélite.
Le ciel en soit béni! Mais ce secret courroux,
Cette oisive vertu, vous en contentez-vous?
La foi qui n'agit point, est-ce une foi sincère?
Huit ans déjà passés, une impie étrangère
Du sceptre de David usurpe tous les droits,
Se baigne impunément dans le sang de nos rois,
Des enfants de son fils détestable homicide,
Et même contre Dieu lève son bras perfide;
Et vous, l'un des soutiens de ce tremblant Etat,
Vous, nourri dans les camps du saint roi Josaphat,
Qui sous son fils Joram commandiez nos armées,
Qui rassurâtes seul nos villes alarmées,
Lorsque d'Ochozias le trépas imprévu
Dispersa tout son camp à l'aspect de Jéhu :
« Je crains Dieu, dites-vous; sa vérité me touche! »
Voici comme ce Dieu vous parle par ma bouche
« Du zèle de ma loi que sert de vous parer?
» Par de stériles vœux pensez-vous m'honorer?
» Quel fruit me revient-il de tous vos sacrifices?
» Ai-je besoin du sang des boucs et des génisses?
» Le sang de vos rois crie, et n'est point écouté,
» Rompez, rompez tout pacte avec l'impiété;
» Du milieu de mon peuple exterminez les crimes;
» Et vous viendrez alors m'immoler vos victimes. »

RACINE. (*Athalie.*)

Lecture en prose concernant la vertu héroïque, jalouse et malheureuse.

Je vais parler de l'*Ambition* et de ses jalousies, ou peindre tous les plaisirs et les déplaisirs qu'éprouvent les jeunes *ambitieux* qui sont intelligents, sensibles, passionnés, sages, fidèles, bons, justes, vertueux et jaloux.

Vous qui ne savez pas encore ce que c'est de *combattre* et de *vaincre*, mais qui brûlez de le savoir, venez en foule; approchez-vous de moi, je vous dirai de suite ce qu'il en est. Et, lorsque vous le saurez, ou que vous m'aurez entendu, je doute si vous serez disposés à chercher ou à fuir l'objet de vos désirs et de *votre ambition*.

On a déjà bien vu des *ambitieux* remarquables et intéressants, ou curieux et dignes d'attention; mais pas autant, néanmoins, que ceux dont nous allons parler, car ils sont, parmi tous, ceux qui ont le plus combattu et le plus souffert. Et ce qu'il y a à leur égard d'extraordinaire et de surprenant, c'est que, à côté de la vertu la plus parfaite et la plus admirable, il faut faire figurer l'âme la plus méchante, la plus dure, la plus vile et la plus perfide qu'il y ait. Ainsi l'exige notre grande et belle entreprise; et c'est ce qui plaît aux lecteurs avides et sensibles, ou fait le charme et la beauté de la lecture passionnée et héroïque.

Ici, nous allons nous occuper de deux jeunes *ambitieux* bien différents de cœur et d'idées; et par cette extrême différence qui les caractérise, ils ne paraissent nullement faits pour s'*accorder* et s'estimer, ils semblent plutôt être aussi incompatibles que le feu et l'eau. Néanmoins, malgré leur excessive différence de goûts et de sentiments, ils finissent pourtant, à la fin, par s'entendre et sympathiser un jour. Mais cette entente et cette sympathie aussi inattendues que surprenantes, ne sont pas de longue durée, et ont, comme on doit s'y attendre, des suites terribles et foudroyantes, ou également funestes au vainqueur et au vaincu.

Ce fameux arbre de la science du bien et du mal, et dont le fruit superbe et pernicieux tenta et perdit nos premiers parents, existe toujours, ainsi que l'esprit jaloux et pervers qui se cachait dans son feuillage : là, comme aux premiers jours de la création, il tient toujours un langage flatteur et funeste à quiconque l'écoute. Et, par ce langage habile et persuasif, il triomphe sans cesse de ceux qui sont faibles et crédules, et les plonge, par cette manœuvre adroite et perverse, dans un abîme infini de maux et de remords. Connaissant la méchanceté et la perfidie excessive de ce demi-Dieu déchu et dangereux, nous nous faisons un devoir de le signaler et de le montrer à nu à ceux qui ne le connaissent point, afin qu'ils puissent, par là, se défier de ses discours subtils et empoisonnés, de même qu'échapper à ses embûches et à son noir et brûlant empire. Dans ce cas, nous devons leur dire :

« Jeunes *ambitieux* qui êtes déjà entrés dans la vie sentimentale et active, et la voyez pleine de fleurs, de ris, de jeux, de plaisirs et de bonheur, daignez nous entendre un peu ; prêtez un peu l'oreille à notre voix.

Venez apprendre, par elle, ce qui vous attend dans cette vie sentimentale et active où vous êtes entrés en chantant et en dansant. Venez apprendre, par un long récit, ce qui cause le bonheur ou le malheur de la jeunesse qui *combat*, pense, juge, raisonne et apprécie le beau et le grand, ou ce qui lui donne la paix ou la guerre, la vie ou la mort. »

O vous puissante Divinité, qui allumez et embrasez, de vos feux célestes, les cœurs sensibles et *ambitieux*, venez à notre secours ; pénétrez-nous de vos divines lumières ; apprenez-nous, par un langage facile et agréable, à peindre les sentiments et les émotions qu'éprouvent ces jeunes cœurs que vous réchauffez et nourrissez de vos douces et brûlantes flammes ; de même qu'à décrire les combats terribles et opiniâtres qu'ils se livrent, et les glorieuses victoires qu'ils remportent ! Dans ces vives peintures et ces brillantes descriptions, aidez-nous surtout à bien faire ressortir, avec art et vérité, les qualités et les vertus de ceux qui sont *ambitieux*, nobles, fidèles ; et à flétrir, par des traits de feu, ceux qui sont, au contraire, bas, durs, lâches, vils et infidèles ! Nous aider à penser et à travailler de cette façon, c'est nous mettre en état de pouvoir instruire et servir les jeunes *ambitieux* de tous les temps et de tous les pays, puis vous attirer à jamais, par là, leur reconnaissance, leur amour et leurs louanges.

(Jules et Elise.)

Lecture en vers concernant la création et le bonheur pur d'Adam.

A la voix du Seigneur l'univers enfanté,
Etalait en tous lieux sa naissante beauté.

Le soleil commençait ses routes ordonnées,
Les ondes dans leur lit étaient emprisonnées,
Déjà le tendre oiseau s'élevant dans les airs,
Bénissait son auteur par ses nouveaux concerts ;
Mais il manquait encore un maître à tout l'ouvrage :
« Faisons l'homme, dit Dieu, faisons-le à notre image. »
Soudain pétri de boue, et d'un souffle animé,
Ce chef-d'œuvre connut qu'un Dieu l'avait formé ;
La nature, attentive aux besoins de son maître,
Lui présenta les fruits que son sein faisait naître,
Et l'univers, soumis à cette aimable loi,
Conspira tout entier au bonheur de son roi :
La fatigue, la faim, la soif, la maladie,
Ne pouvaient altérer le repos de sa vie ;
La mort même n'osait déranger ces ressorts
Que le souffle divin animait dans son corps.
Il n'eût point à percer la nuit de l'ignorance,
Ni d'une *peur* rebelle à dompter l'insolence :
L'ordre régnait alors, tout était dans son lieu,
L'animal craignait l'homme, et l'homme craignait Dieu,
Et dans l'homme, le corps respectueux, docile,
A l'âme fournissait un serviteur utile.
Charmé de saints attraits, de biens environné,
Adam à son conseil vivait abandonné.
Tout était juste en lui, sa force était entière :
Il pouvait sans tomber, poursuivre sa carrière,
Soutenu cependant du céleste secours,
Qui pour aller à Dieu le conduisait toujours.
Non qu'en tous ses désirs par la grâce entraînée,
L'âme alors dût par elle être déterminée ;
Ainsi sans le soleil l'œil qui ne peut rien voir,
A cet astre pourtant ne doit point son pouvoir ;
Mais au secours divin quoiqu'il fût nécessaire,
Adam était toujours maître de se soustraire ;
Ainsi le soleil brille, et par lui nous voyons,
Mais nous pouvons fermer les yeux à ses rayons.

RACINE, fils. (*La Grâce.*)

22ᵉ Leçon.

Lecture en prose concernant la gloire et la grandeur de l'homme.

Je vais parler de la gloire et de la grandeur de l'homme, ou faire voir que cet être qui est créé mortel et imparfait, peut, s'il le veut, devenir aussi grand et aussi parfait que s'il était un dieu. Et ceci, on le voit avec satisfaction et orgueil, honore le Créateur et la créature.

Vous qui vous sentez hommes, et pouvez, par conséquent, comprendre vos *biens* et vos devoirs, venez, n'hésitez point ; venez apprendre, par un récit aussi curieux qu'agréable, tout ce qu'a vu, fait et dit le héros dont je vais vous peindre la gloire et les hauts faits. Si, dans cette belle et utile peinture, vous ne vous sentez pas capables de sortir convenablement de l'état d'ignorance et d'imperfection où vous a jeté la nature, ou de suivre un peu de près celui que je me propose de vous montrer, il faudra au moins, si vous le pouvez, faire votre possible pour le suivre de loin, parce que ce sera votre avantage et votre honneur.

On dit que, avant la création des mondes, il existait déjà des êtres purs et immortels, et jouissant d'un bonheur parfait, ou sans aucun mélange de maux ; mais qu'il y en eût bientôt, parmi eux, qui devinrent jaloux de la puissance et de la gloire de leur Créateur, et se révoltèrent contre lui. Cette révolte sacrilége et criminelle leur valut de suite des châtiments terribles, et la perte éternelle de leur beau et agréable royaume. Effrayés de ces terribles châtiments et de cette perte, les autres êtres restèrent fidèles et soumis au maître de l'univers, et sont toujours auprès de lui, où ils le voient, lui parlent et le servent. Les premiers de ces purs esprits, comme créés parfaits et immortels, eurent tort, sans doute, de se révolter contre leur Créateur, puisqu'ils tenaient leur existence de lui; mais quant aux derniers ils n'eurent pas de mérite à rester ce qu'ils sont, attendu que c'était leur avantage, et qu'ils le savaient. Il y a donc alors, d'autres créatures plus grandes et plus admirables que celles-là? Ce sont celles qui, créées imparfaites et mortelles, deviennent volontairement, par la connaissance d'elles-mêmes et de la vertu, excellentes et parfaites. Et c'est de celles-ci que nous nous proposons de peindre le mérite et les justes éloges qui leur sont dûs.

O vous, grand Etre inconcevable! ou intelligence éternelle et universelle, qui remplissez de votre existence infinie, tous les temps et les lieux, et dont le souffle créateur et incessant, crée, anime, gouverne et conserve tout, venez à nous! inspirez-nous les pensées propres à peindre les voyages et les exploits de celui qui vit, fit et dit tant de choses; apprenez-nous aussi à les exprimer convenablement; car nous les faire exprimer de la sorte, c'est vous honorer en nous honorant nous-mêmes, ou vous attirer, par là, la reconnaissance, les louanges et l'amour éternel de toutes les races futures.

Plus grand et plus puissant que les êtres célestes créés parfaits et immortels, il en est un qui, touché des souffrances et des larmes humaines, résolut, pour les tirer de cet affreux état où les avaient jetés leur ignorance volontaire et leur perversité, de s'immoler, ou de verser son sang pour eux, voyant qu'il n'y avait pas d'autres moyens. Cet Etre, regardé par les uns comme un Dieu, par les autres comme une belle allégorie, et, par un très-petit nombre comme une divinité mystérieuse, mais réelle dans ce qu'elle est ; a véritablement fait de grandes choses pour les faibles et malheureux mortels, et en fera même toujours, ou dans tous les temps. Et c'est d'après ces beaux et nobles exemples, que celui dont nous allons nous occuper a consenti aussi, pour être utile à ses semblables, non de s'immoler ou de verser son sang, mais à éprouver, volontairement, toutes les souffrances et les humiliations possibles ; même à parcourir toutes les grandes parties connues et inconnues du globe. Et c'est de ce parcours glorieux et salutaire aux peuples, dont nous allons parler, ou que nous nous proposons de peindre.

Avec le temps, le calme, la raison, le travail et la force d'âme, Jules, quoique frappé de mort par la perfidie et la lâche conduite d'Elise, finit pourtant, à la fin, par se guérir des blessures qu'il crut d'abord inguérissables, ou par ne presque plus y penser, ou les ressentir. Et aussitôt qu'il se vit ainsi, il ne songea plus qu'à se livrer aux grandes choses, qu'il avait en vue depuis sa première jeunesse, ou à s'immortaliser glorieusement. Et afin de bien y réussir, ou de ne pas y manquer, il se dit :

« Le monde, depuis son berceau jusqu'à nos jours, n'a pas du tout été ce qu'il doit être, ni comme *science*, ni comme *raison* et *morale* : dans ces trois manières d'exister, il est encore dans la pleine enfance et ne peut

rester tel, il faut absolument qu'il subisse des changements, ou de grandes modifications dans toutes ces
choses. Et ces changements ou ces modifications voulus
et exigés pour l'intelligence et la raison, c'est moi qui
veux fournir les moyens de les lui donner; car je m'en
sens la capacité, le courage et l'audace. »

Ainsi, un jour qu'il était fortement préoccupé, se
parla, à lui-même, ce héros penseur; et à peine se fut-il
parlé de la sorte qu'il sortit de suite de sa patrie, et
se, etc.

(Le Libérateur du monde.)

Lecture en vers concernant la conservation du peuple juif et la
vengeance de la vertu.

Quoi! lorsque vous voyez périr votre patrie,
Pour quelque chose, Esther, vous comptez votre vie!
Dieu parle, et d'un mortel vous craignez le courroux!
Que dis-je? Votre vie, Esther, est-elle à vous?
N'est-elle pas au sang dont vous êtes issue?
N'est-elle pas à Dieu dont vous l'avez reçue?
Et qui sait, lorsqu'au trône il conduisit vos pas,
Si pour sauver son peuple il ne vous gardait pas?
Songez-y bien : ce dieu ne vous a pas choisie
Pour être un vain spectacle aux peuples de l'Asie,
Ni pour charmer les yeux des profanes humains :
Pour un plus noble usage il réserve ses saints.
S'immoler pour son nom et pour son héritage,
D'un enfant d'Israël voilà le vrai partage :
Trop heureuse pour lui de hasarder vos jours!
Et quel besoin son bras a-t-il de nos secours?
Que peuvent contre lui tous les rois de la terre?
En vain ils s'uniraient pour lui faire la guerre :
Pour dissiper leur ligue il n'a qu'à se montrer;
Il parle, et dans la poudre il les fait tous rentrer.
Au seul son de sa voix la mer fuit, le ciel tremble;
Il voit comme un néant tout l'univers ensemble;

Et les faibles mortels, vains jouets du trépas,
Sont tous devant ses yeux comme s'ils n'étaient pas.
S'il a permis d'Aman l'audace criminelle,
Sans doute qu'il voulait éprouver votre zèle.
C'est lui qui, m'excitant à vous oser chercher,
Devant moi, chère Esther, a bien voulu marcher ;
Et s'il faut que sa voix frappe en vain vos oreilles,
Nous n'en verrons pas moins éclater ses merveilles.
Il peut confondre Aman, il peut briser nos fers
Par la plus faible main qui soit dans l'univers ;
Et vous, qui n'aurez point accepté cette grâce,
Vous périrez peut-être et toute votre race.

RACINE. (Esther.)

Lecture en prose concernant l'histoire du Sauveur du monde, ou les mystères et les vérités de la religion.

Je vais parler de ce Dieu qui a tant fait de miracles et vécu si peu, ou dire aux croyants et aux incrédules ce qu'il fut et ce qu'il est ; et lorsqu'ils le sauront ils seront tous pleins d'étonnement et d'admiration pour lui.

Vous qui ne voyez et ne croyez que par les yeux et la bouche des autres, venez à moi, venez entendre une histoire aussi instructive qu'utile, et dont la connaissance des mystères et des vérités fera votre bonheur présent et votre bonheur futur.

Aussitôt que les hommes eurent un peu d'intelligence et de raisonnement, ils comprirent qu'ils n'existaient pas par eux-mêmes, qu'ils avaient un créateur, et que celui-là méritait leur amour, leur reconnaissance et leurs hommages. Dès lors ils se sentirent et furent naturellement portés à lui élever des temples et des autels, à chanter sa gloire et ses louanges. Ces premières idées sentimentales et religieuses furent d'abord, on doit le penser, très-grossières, ou que bien peu développées. Mais, par la suite, elles acquirent bientôt assez de développement et d'importance pour influer prodigieusement sur les masses ignorantes et crédules. Et il n'en fallut pas davantage pour les porter à croire à l'existence fabuleuse de tel ou tel être bienfaisant ou malfaisant. Et, à partir de cette époque, ils crurent à la puissance chimérique de dieux du *Parnasse* et de dieux de l'*Olympe*; et, chose étonnante, ils y croient même toujours; du moins un grand nombre. Bien certain que chez eux cette croyance est réelle, et leur est funeste ; nous pensons qu'il est de notre devoir et de notre honneur de travailler à la détruire, et nous allons y essayer.

Muse des mystères et des vérités religieuses, venez à nous; éclairez-nous de vos divines lumières. Dans le vif désir où nous sommes de faire le bien et d'instruire, aidez-nous, s'il vous plaît, à déchirer le voile épais et ténébreux qui cache le Dieu que nous voulons montrer à nu, afin que l'on voie, par là, combien il est doux, grand et puissant, bienfaisant et adorable!

(Le Sauveur du monde.)

Lecture en vers concernant la conservation du peuple juif et l'humiliation et la punition de la perfidie.

O Dieu, confonds l'audace et l'imposture !
Ces Juifs, dont vous voulez délivrer la nature,
Que vous croyez, Seigneur, le rebut des humains,
D'une riche contrée autrefois souverains,
Pendant qu'ils n'adoraient que le Dieu de leurs pères,
Ont vu bénir le cours de leurs destins prospères.

Ce Dieu, maître absolu de la terre et des cieux,
N'est point tel que l'erreur le figure à vos yeux :
L'Eternel est son nom, le monde est son ouvrage ;
Il entend les soupirs de l'humble qu'on outrage,
Juge tous les mortels avec d'égales lois,
Et du haut de son trône interroge les rois,
Des plus fermes Etats la chute épouvantable,
Quand il veut, n'est qu'un jeu de sa main redoutable.
Les Juifs à d'autres dieux osèrent s'adresser :
Roi, peuples, en un jour tout se vit disperser ;
Sous les Assyriens leur triste servitude
Devint le juste prix de leur ingratitude.
Mais pour punir enfin nos maîtres à leur tour,
Dieu fit choix de Cyrus avant qu'il vit le jour,
L'appela par son nom, le promit à la terre,
Le fit naître, et soudain l'arma de son tonnerre,
Brisa les fiers remparts et les portes d'airain,
Mit des superbes rois la dépouille en sa main,
De son temple détruit vengea sur eux l'injure :
Babylone paya nos pleurs avec usure.
Cyrus, par lui vainqueur, publia ses bienfaits,
Regarda notre peuple avec des yeux de paix,
Nous rendit et nos lois et nos fêtes divines ;
Et le temple sortait déjà de ses ruines,
Mais, de ce roi si sage héritier insensé,
Son fils interrompit l'ouvrage commencé,
Fut sourd à nos douleurs : Dieu rejeta sa race,
Le retrancha lui-même, et vous mit à sa place.
Que n'espérions-nous point d'un roi si généreux !
Dieu regarde en pitié son peuple malheureux,
Disions-nous : un roi règne, ami de l'innocence.
Partout du nouveau prince on vantait la clémence :
Les Juifs partout de joie en poussèrent des cris.
Ciel ! venait-on toujours par de cruels esprits
Des princes les plus doux l'oreille environnée,
Et du bonheur public la source empoisonnée ?
Dans le fond de la Thrace un barbare enfanté
Est venu dans ces lieux souffler la cruauté ;
Un ministre ennemi de votre gloire....

RACINE. (Esther.)

Lorsque le *Conducteur de la jeunesse*, l'*Apprentissage de la vie*, *Léon et Pauline*, *Jules et Elise*, le *Libérateur du monde* et le *Sauveur du monde* seront publiés et connus, ils feront peut-être changer, dans l'ordre social, et à bien des égards, la manière de voir, de penser, de juger et d'agir. Soit par leurs faits historiques ou imaginaires, ces six ouvrages sont peut-être, sans orgueil, les plus grandioses, les plus agréables, les plus instructifs et les plus utiles sous beaucoup de rapports, que l'on puisse concevoir et produire.

NOTA. Si, dans cet ouvrage, il y a quelques phrases de prose comme de poésie dont certains mots sont changés ou remplacés par d'autres, cela, on doit le concevoir, a été fait avec intention, pour le bien de l'enfance.

TABLEAU de secours pour lire les mots qui offrent des difficultés mécaniques, et sont écrits tels qu'ils se prononcent.

No **1**. Cource, récompença, offencive, concerver, pencionnat, dançons, bourcière, renverçâtes. (V. p. 9, n° 1.)

No **2**. Ozerait, couzine, amuzâtes, rozière, dépozons, abuzeriez, envizagea, civilizés. (P. 9, n° 2.)

No **3**. Ha ï rais, Ga ë te, la ï que, na ï ve té, mo sa ï que, ha ï tes, E sa ü, ju da ï que. (P. 11, n° 3.)

No **4**. Na ïa de, Sa ül, fa ïen ce, ha ïr, Ra pha ël, ha ïs sez, a ïeul, Ha sa ël. (P. 12, n° 4.)

No **5**. Persantes, lessons, fassades, ressus, avansons, bersâtes, apersu, balansâmes. (P. 12, n° 5.)

No **6**. Vatil ? auratelle ? assureton ? viendratil ? aura ton lu ? seratelle ? amuseton ? demandatil ? (P. 13, n° 6.)

No **7**. Adicionne, proteccion, fonccionnaire, punicions, perfeccionna, conjonccions, caucionnés, attribucions. (P. 16, n° 7.)

No **8**. Mange, parlasse, buvait, versasse, eusse, revenait, puisse, jugerait, partire, rendisse. (P. 18, n° 8.)

No **9**. Jujâmes, pijons, lojait, bourjoise, forjâtes, dégajons, jujâmes, villajoise. (P. 21, n° 9.)

No **10**. Lan, oût, ton, Can, égrujoire, jan, manjons, partajas. (P. 23, n° 10.)

No **11**. Ca na an, co o pé rer, Ba la a me, La o con, Zo. (P. 25, n° 11.)

No **12**. Joi ieu se ment, pi toi ia bles, soi ions, ai iant, ci toi ien ne, em ploi iâ tes, tu toi iaient, appui ier, roi ia le ment, croi iantes. (P. 27, n° 12.)

No **13**. Arcange, Zacarie, Calcasse, Mikel-Ange, coléra, Melkisédèque, Ezékias, Malcus, anacorète, Jérico, Caldaïque, Corus. (P. 30, n° 13.)

No **14**. Kristophe, krétiens, kronologie, klorure, krysalide, catakrèse. (P. 52, n° 15.)

No **15**. Jéroboame, avèque, Tilsitte, Danemarke, coque, Joséphe, contacte, Auche, Roboame, punche, taba, Jérusalème, Ibra ï me, cinque, Soul te, laque, Acabe, Breste, Kriste Bukengame. (P. 32, n° 16.)

No **16**. Messe, Austerlisse, Rhodesse, Badajosse, Cortesse, Boosse, Lombesse, Falcosse, Alvaresse, Sénesse. (P. 54, n° 17.)

No **17**. Scul ptu re, Chris to phe, Scan di na ve, stra té gie, sten tor, chris tia nis me, Stras bourg, Stanis las, Ams ter dame, Po ly tè que ni que, in stru que-ti ve, splen di de, ab strac tion, scien ti fi que. (P. 36, n° 18.)

No **18**. Lu que no ve, Crom vè le, Va sin gue ton, Lo ven da le, Neu ior ke, Ké ler ma ne, Stu te ga re, Glo go ve, Neu ton, Long oui. (P. 38, n° 19.)

No **19**. Me cieu, fa me, Neu ton, oût, splan don, pan, jan, bour jois, ju ja. (P. 40, n° 20.)

No **20**. É no ne, É di pe, É ta, É cu mé ni que, Philo pé men, É so pha ge, Ké nis berg. (P. 41, n° 21.)

N⁰ **21**. Armé, **créés**, **fés**, **pensés**, je **cré**, il **agré**, idés, tu **crés**, allumé, elle agré. (P. 42, n⁰ 22.)

N⁰ **22**. Veu, keur, jan, seur, aût, fan, euf, Lan, meurs. Can, bœuf, pan. (P. 44, n⁰ 23.)

NOTA. Ayant eu besoin du caractère des premières feuilles de cet ouvrage avant qu'il ne fût achevé, on n'a pu, pour cette raison, faire concorder les chiffres de ce tableau de secours avec ceux auxquels ils devraient correspondre. Mais bien qu'il en soit ainsi, on peut néanmoins s'y reconnaître sans beaucoup de peine, attendu qu'il n'y a que très-peu de mots écrits autrement qu'ils se prononcent. Dans la prochaine édition on remédiera à ce petit mal.

Comme ayant été entièrement refondu, puis grossi, composé et imprimé à la hâte, et à cent lieues de nous, il s'est glissé quelques fautes d'impression dans ce livre, mais qui ne peuvent nuire à son étude et à sa lecture, et seront réparées dans la prochaine édition.

Bien qu'il y ait, dans un ouvrage, quelques fautes d'impression, même de français ou de langue, cela est peu de chose, on ne doit pas y faire attention. L'important à cet égard, c'est que cet ouvrage soit bien conçu et bien exécuté, ou d'après un bon plan ; et nous croyons, si nous ne nous trompons, que celui-là ne s'éloigne pas trop de cette désirable et indispensable qualité.

FIN.

TABLE DES MATIÈRES.

PREMIÈRE PARTIE.

FIN DE LA TABLE.

Paris, lib. — Mirecourt, typ. et stér. HUMBERT.

LIBRAIRIE

ALPHABET DE LA FAMILLE ET DES ÉCOLES, par ...
Grand in-18 de 18 pages, broché. Prix ...

Ce charmant et utile petit livre a été accueilli non-seulement
... mères de famille, mais encore par tous les maîtres ...
... les yeux desquels il est tombé ; c'est sans doute ...
... petits ouvrages dédiés aux enfants qui ait paru ...

LE LIVRE DE LA FAMILLE ET DES ÉCOLES, ...
de la jeunesse, sous la forme de Maximes, Pensées, ...
Conseils et Devoirs, par le même. 1 vol. in-18 grand ...
Cet ouvrage est approuvé par Mgr l'Évêque de Troyes.

LHOMOND. — GRAMMAIRE FRANÇAISE ÉLÉMENTAIRE, ...
texte de Lhomond, approuvée par l'Université, par dem...
par réponses, suivie d'un Dictionnaire de ...
d'Exercices sur les homonymes, d'un Cours de ...
... orthographiques, revue corrigée d'après ...
l'Académie, et augmentée de nombreux Exercices ...
in-12. Trente-deuxième édition. Prix ...

Chaque édition de cet excellent ouvrage se tire à ...
... Cette grammaire est répandue dans toute la France ...
dans plusieurs écoles de Paris.

GÉOGRAPHIE MÉTHODIQUE DES ÉCOLES ...
... ancien maître-adjoint à l'école normale primaire ...
Revue, corrigée et augmentée depuis l'annexion de la Savoie ...
par D. B. Troisième édition, in-18, cartonné. Prix ...

OUVRAGES CLASSIQUES DE M. BONHOURE

MÉTHODE ÉLÉMENTAIRE DE LECTURE SANS ALPHABET ...
sont aplanies toutes les difficultés de la lecture et de l'orthographe
élémentaires, faisant suite au *Syllabaire méthodique*.

Conçu et exécuté sur un plan tout à fait neuf, cet ouvrage se divise
en quatre parties, et donne, dans chacune d'elles, d'une manière
graduel et essentiellement méthodique, toutes les données de la
lecture et de l'orthographe élémentaires. La quatrième partie
surtout remarquable par sa lecture courante, offrant des ...
tions enfantines aussi agréables qu'instructives.

LES IDÉES ENFANTINES, ou les premières connaissances élémentaires inculquées au moyen de la lecture selon le goût et l'intelligence de l'enfance ; ouvrage commençant à développer l'esprit du
jeune âge, et faisant suite à la *Méthode élémentaire de Lecture*.
in-12 cartonné.

Paris, lbr. Humbert. — Typ. et Stér. Mirecourt.

www.ingramcontent.com/pod-product-compliance
Lightning Source LLC
Chambersburg PA
CBHW071954090426
42740CB00011B/1935